설득과 말의 기술

한울출판사

머리말

나와 남의 '의사소통과 설득'의 성찰

인간은 누구나 사회의 한 구성원이며 사회에서 살아간다. 사회라고 해서 거창하게 생각할 필요 없다. 둘 이상이 모여 서로 관계를 의식하면 그 시공간이 하나의 사회이며, 사회성은 서로 의사(意思)를 소통하기 시작하면서 그 실재가 생성된다.

인간의 삶의 본질에 사회성을 부여한 의사소통은 말이 없었다면 그 발전이 거의 불가능하였다. 눈빛과 제스처나 단순한 소리로도 의사소통이 가능할 수도 있지만 그 수준은 본능과 이성의 중간 단계에 국한된다. 인간은 오랜 세월에 걸쳐, 목소리의 다양한 연출에 성공하고 이 목소리들에 서로 다른 뜻을 결합시켜 여러 사물과 관념을 지시하는 낱말과 어법을 고안하였다. 다시 이를 갈고 닦아 의사소통의 수단으로 체계화하였으며, 이를 도구로, 정보와 지식을 창출하고 공유하면서 세계와 자신을 변화시켰다. 문자의 창제도 그 일환이다. 오늘 우리의 인간의식과 문화와 문명은 말과 그 소통기능을 뿌리로 한 협업의 산물이며, 앞으로도 인간은 말을 사용하여 사회성을 발휘하면서 더 새로운 세계와 인간을 만들어나갈 것이다.

우리는 말의 의사소통 기능과 그 위대한 힘을 새삼 거듭 상기하면서

이 책 『설득과 말의 기술』을 오늘 우리 대학생들의 말하기 능력을 향상시킬 목적으로 편찬하였다.

말하기 능력은 이미 시사되었듯 전공학업 수행과 취업 전형, 그리고 직장의 업무 수행에서도 필수로 요구되는 자질이다. 예를 들기가 번거롭지만, 우리는 수업 시간에 각종 구두 응답과 발표를 하여야 하고, 팀을 이루어 수행 과제를 의논하며 추진하여야 하며, 이런저런 교내 회합에 참석하여 발언하여야 한다. 취업전형에서는 면접을 통과하여야 하며, 직장에서는 원활한 직무 수행을 위해 여러 회의에 참석하여 업무를 토의하여야 한다. 뿐만 아니라 새로운 진로를 기획하고 그 실현과정의 하나로 본격 프레젠테이션을 하기도 해야 한다.

그동안 대학에서 말하기 공부는 대체로 소홀하였다. 교과과정이 미비하기도 하였지만 말은 글과 달리 언어 환경에 노출되면 누구나 익힐 수 있는데다가 연설이나 웅변을 연상하면서 국회의원 같은 정치인들이나 별도로 익히는 분야로 생각해온 듯하다. 하지만 현재 우리들의 말을 돌이켜보자. 내 말이 남과의 의사소통에 원만한가? 장르와 상황에 따라 말의 형식과 내용을 통합하며 구조화할 수 있는가? 여러 사람 앞에서 자신의 의견과 주장을 자연스럽게 발언할 수 있는가? 청자 청중이 나의 말에 호감을 갖고 경청하며 핵심 메시지를 긍정하며 수용하는가? 군더더기 없이 필요한 말을 조리 있게 진술하는 효율성이 있는가? 이러한 질문을 당장 이 자리에서 자신에게 던지고 한 번 성찰해보기 바란다.

다시 반복하지만 이러한 문제점들을 극복할 수 있는 요령과 기술의 학습은 특정 집단이나 직종에만 필요한 것이 아니라 모든 사회적 존재가 다 필요로 한다.

이 책에서 다룬 말하기의 기초는 물론, 토론, 프레젠테이션, 면접, 전문담화, 대화는 모두 사회의 실제 수요에 따라 발생한 말하기 장르이며, 최근 들어 갈수록 학업과 업무에서 그 수요가 확대되고 있다. 모두 의사소통과 설득을 성취하여 작게는 나의 직장에서의 '일'과 '성취(成就)'를, 크게는 나와 사회를 개선하고 변화를 촉발하는 시사(時事)의 '실사구시(實事求是)'를 목적으로 한다. 공리(功利) 취지의 목적에 치우쳐 있지만, 우리의 인격 수양과 인간성 계발에 기여하기도 한다. 그 어떠한 사회적 말도 합리성이 있어야 하며, 나보다 듣는 사람을 배려하며 친절해야 하고, 남의 말을 자기 말 이상으로 존중하는 가운데 자기 말보다 실득력이 있으면 진정 용기를 내어 수용하여야 하기 때문이다.

2011년 2월, 안양 수리산 기슭에서 저자 일동

차례
CONTENTS

제 I 장 말은 바로 그 사람이다

제 II 장 말하기 실전 준비

제 III 장 찬반 토론 말하기

차례
CONTENTS

제 I 장

말은 바로 그 사람이다

말 잘 하는 사람이 성공한다

한 마디 말도 실존의 표출이다

바보들의 묵언은 침묵이다

나는 Visual Media다

듣는 사람이 누구인가?

모두 전문 용어를 싫어한다?

말 잘 하는 사람이 성공한다

말 잘 하는 사람이 성공하는 이유는 길게 설명하지 않아도 알 수 있을 것이다. 세계는 예상하지 못했던 누군가의 말 한마디에 움직이기도 하며, 누군가의 말 한마디는 나라를 구하기도 한다. 아래의 대화 예를 보고 분석하여 보자.

벤저민 프랭클린 : 폐하, 정말 아름다운 여인이 아닙니까?(파티에 참석한 한 여성을 보고 벤저민 프랭클린이 루이 16세에게 말을 건넨 상황이다.)

루이 16세 : 여보게, 프랭클린. 신이 저 여인에게 충분히 먹을 수 있도록 도와주지 않았다는 게 그저 안타까울 뿐이네.(루이 16세는 날씬한 여성보다는 풍만하고 육감적인 여성을 좋아했다.)

벤저민 프랭클린 : 그렇네요, 폐하. 하지만 폐하께서는 (저 여인을 돕지는 않더라도) 저희는 도와주실 수 있지 않으십니까? 우리나라 또한 저 (비쩍 마른 가련한) 여인처럼 불어나는 적자에 어려움을 겪고 있습니다.(당시 미국은 프랑스의 경제적 원조를 필요로 할 때였다.)

당시 프랑스 대사였던 미국의 벤저민 프랭클린은 루이 16세와의 간단한 대화 중 재치를 발휘하여, '여성'을 대상으로 시작된 대화를 '경제 원조'로 이끌었다. 숨겨진 자신의 목적을 달성하게 된 것이다. 이것은 목적의식을 염두에 둔 대화의 예지만 주변의 환경과 대화 상대의 상태 등을 고려한 말하기가 성공한 사례이다. 미국 건국의 아버지라 불리는 벤저민 프랭클린의 재기와 재치로 미국은 1776년에 프랑스와 조약을 체결하여 미국 독립의 결정적 발판을 마련하게 된다.

새삼스럽지만 우리는 사석이나 공석에서 욕구와 의지, 신념과 판단에 따라 말을 하며 산다. 우리의 말은 우리의 삶을 표현하고 이끌며, 운명까지 조정한다. 대화에서부터 연설에 이르기까지 다양한 말하기가 있으며 목적 또한 다양하다. 정치인들처럼 우리도 누구나 자신의 견해와 비전을 제대로 알릴 수 있어야 한다. 말하기는 글쓰기와 더불어 이제 교육과 학습이 필요한 시점에 이르렀다. 태어나면서부터 말을 잘하는 사람은 없다. 현재도 그렇지만 소통과 효율이 더욱 강조될 미래 시대 인재들에게 필요한 두 가지 기술이 있다면 단연 말하기와 더불어 글쓰기이다. 말하기에 강한 사람들이 이 사회의 리더인 것을 확인하는 것은 어렵지 않다. 애플사의 스티브 잡스, 세기의 투자 전문가 워런 버핏, 마이크로소프트사의 빌 게이츠, 로마 교황청의 베네딕토 16세 등, 많은 사람들이 말로서 자신의 사업을 잘 드러내며 세계를 변화시키고 있다.

한 마디 말도 실존의 표출이다

우리에게는 언어 본능이 있다. 당연하여 지나칠 수 있지만, 우리 인간에게는 먹고 잠자고 배설하는 3대 본능 외에 말하기와 글쓰기 본능이 존재한다. 말하기와 글쓰기 본능은 치료의 영역과 밀접하게 관련되어 있다. 연극치료·미술치료·음악치료 등은 그 개념과 효용이 명확하지만, 말하기 치료 혹은 글쓰기 치료 등은 아직 걸음마 단계이긴 하다. 글쓰기 치료는 독서치료(bibliotherapy) 혹은 인문치료(humanities therapy) 영역으로 논의를 확장할 수 있으며, 말하기 치료는 심리상담사 혹은 정신과 의사 등의 치료 행위로 확장될 수 있다. 그러나 이것을 개인 간 대화나 사회생활 안에서의 공적인 담화에도 적용할 수 있다. 우리는 서로 간 언어 소통을 수단으로 하여 심리 치료를 하고 있기도 한 것이다.

글쓰기의 경우, 자신이 겪었던 사건이나 경험을 일목요연하게 정리하거나 심경 고백 혹은 일기 형식의 저널로 작성하다 보면 자신도 모르는 사이에 해당 사건이나 경험이 정리 정돈되어 제자리를 찾아가게 된다. 여기서의 제자리는 정신적 혼란이 정리된 상태이기도 하고, 사건의 전후 인과를 명확하게 인식할 수 있는 상태이기도 하다. 이러한 과정을 거치다 보면 해당 사건이나 경험은 어떤 방식으로든 하나의 결론에 이르게 된다.

이것을 말하기에도 적용할 수 있다. 대화와 토론 등 언어교환을 통해 해당 키워드가 담고 있는 논의가 확장되거나 해결책이 떠오르면서 마음속에 담겨져 있던 분노 등을 해소하고 안정되지 못한 심리를 정리 정돈 상태의 정상 궤도에 올려놓을 수 있다. 물론 이런 기능은 정신과적 치료 영역 혹은 사적인 담화의 영역이 대부분이지만, 사회적이고 공적인 말하기의 영역 안에서도 얼마든지 그 기능을 수행시킬 수 있는 것이다. 자신의 주장을 반복할 수도 있지만 상대의 주장이나 해결책에 귀를 기울이며 자신을 반성하고 자신의 아집이나 편견을 바로잡는다면 이 과정에서 심리의 장애나 내면의 갈등을 해결할 수 있기 때문이다.

이와 같이 인간의 말 한 마디는 그 사람의 모든 것을 담고 있는 그릇이다. 얼굴이 눈·코·입·귀 등을 담고 있는 바탕이라면, 언어는 그 사람의 보이지 않는 영혼과 정신 혹은 심리, 더불어 지적 수준을 담아내는 그릇이 되는 것이다. 이목구비(耳目口鼻) 중 구(口)에서 나오는 언어가 그 사람의 지식과 정보 그리고 묘하게 그 지식과 정보를 전달하는 사람의 영혼과 정신까지도 실어 나르는 것을 우리는 알고 있다.

텔레마케팅의 경우처럼 목소리만으로 고객을 상대하는 1대 1 말하기의 경우, 1대 다수의 연설이나 강연, 다수 대 다수의 브레인스토밍 말하기와 찬반 토론 등에도 이 모든 것이 해당된다. 즉, '인간은 언어를 사용하는 동물'이라는 명제에 충실하면 할수록 더욱더 교양인으로 발전하게 되는 것이다. 이 세상의 모든 담화들은 인간의 입을 통하여 발화되는 바로 그 순간 비로소 언어로서의 지위를 얻는다. 바디 랭귀지나 제스처 등의 전달력도 무시할 수 없지만 입을 통한 언어만이 명확하게 그 기능을 수행한다. 언어가 바로 그 사람이기 때문이다. 언어가 없다면 그 사람도 없는 것이다. 머릿속이나 가슴 속 혹은 자신의 비밀문서 안에만 존재하는 언어는 인간의 구강 구조를 통하여 입 밖으로 발현될 때 그 의미가 확연하게 살아나며, 우리 인간이 사고하는 존재임을 알려주는 결정적 코드가 된다. 소크라테스가 제자들이나 시민들을 대상으로 문답법, 즉 토론식 대화형 교육에서 그 목적이자 수단이었던 것은 입 밖으로 발현되는 음성 언어를 통한 것이었다.

그 음성 언어를 들려주는 목소리가 진실하고 신뢰감을 심어줄 수 있으며 자신감에 넘친다면 더 말할 나위 없이 훌륭한 음성 언어의 발현이 될 것이다. 쭈뼛쭈뼛 들릴 듯 말 듯 자신감이 없거나, 점점 기어들어가는 듯한 목소리, 떨리는 목소리는 진실성이나 신뢰감을 담기 어렵거니와 감동을 주기도 어렵다. 이러한 어려움을 극복하기 위해서는 남들 앞에 자주 서 보는 것밖에 다른 해결책이 없다.

바보들의 묵언은 침묵이다

속담사전을 보면, '침묵은 금이고, 웅변은 은이다'라는 격언이 있다. 그러나 이제 이러한 속담은 사라져야 할 것이다. '암닭이 울면 집안이 망한다', '사촌이 땅을 사면 배가 아프다' 등도 사라져야 할 속담이다. 시대가 변하였다. 여성 지위가 향상되었고 성 개념 속에 갇혀 제2의 성으로 살아야할 시대는 이미 지나갔으며, 사촌이 땅을 사면 배 아파하지 말고 와인 들고 축하해주러 가야하는 것이 도리이다. 이렇게 시대가 달라지고 남녀역할, 노소역할, 고하역할, 노사역할이 포스트모던의 사회로 옮아가면서, 각 개인의 역할은 이제 '침묵'하는 수행자의 그것으로는 아무것도 얻을 수 없게 되었다. 사실은, 말하기보다 수행자처럼 침묵하기가 더 어렵다.

아래의 기사는 조선일보 2011년 1월 17일자 기사이다. 분석적으로 일독한 후 기사 중 '침묵'의 의미를 재고해볼 필요가 있다.

오바마 '침묵의 연설'

1832년 스물여섯 살 베니토 후아레스가 멕시코 주의회 연단에 섰다. 키 160㎝에 볼품없는 이 원주민 출신 풋내기 의원에게 누구도 주의를 기울이지 않았다. 후아레스는 아무 말 않고 서 있기만 했다. 의원들이 하나 둘 연단에 집중했고 드디어 장내가 조용해졌다. "자유를 달라. 존엄을 달라. 인권을 달라." 후아레스가 짤막하게 외쳤다. 그는 침묵으로 정치권의 첫 주목을 끈 지 30년 만에 멕시코 첫 직선 대통령이 됐다.

"수렵민족은 땅거미가 지기 전에 마을로 돌아가야 합니다." 가야노 시게루(萱野茂) 참의원은 1998년 의사당을 떠나면서 이 한마디에 하고 싶은 얘기를 모두 담았다. 홋카이도 원주민 아이누족 중에 첫 의원이었던 그가 여생을 보낼 곳은 고향이라는 뜻이었다. 그의 말이 지금도 일본 정치인 은퇴사 중에 백미로 꼽히는 것은 말이 품고 있는 여백 때문이다. 가야노는 아이누족 언어와 문화를 되살리는 데 헌신하다 5년 전 세상을 떴다.

프레젠테이션의 귀재로 불리는 스티브 잡스는 가끔씩 슬라이드를 텅 비워 버린다 말도 잠시 끊는다. 그 순간 청중은 다음에 무엇이 나올지 신경을 곤두세운다. 연설 전문가들은 청중을 긴장시키는 네 가지로 눈 맞춤, 질문, 다가서기와 함께 침묵을 꼽는다. 나폴레옹과 히틀러도 청중 앞에서 한동안 침묵하다 연설을 시작하는 방법을 애용했다.

오바마 미국 대통령이 지난주 애리조나 총기 난사사건 희생자를 추모하는 연설을 하다 51초 동안 말을 잃었다. 총탄에 숨진 아홉 살 소녀 얘기를 꺼내면서였다. 오바마는 왼쪽, 오른쪽을 번갈아 올려보며 깊은 숨을 내쉬다 감정을 겨우 추스른 뒤 이를 깨물고 연설을 이어갔다. 그 침묵의 51초가 흐르는 사이 미국민은 딸을 잃은 부모의 심정으로 하나가 됐다. 증오와 폭력에 맞서자고 다짐했다.

오바마를 앞장서 비판해 온 폭스뉴스 진행자 글렌 벡은 "오바마 연설 중 최고"라고 했다. 뉴욕타임스는 "그의 재임 2년 중 가장 극적인 순간이었다"고 썼다. 오바마는 매끄러운 말솜씨로 사람들을 휘어잡아 대통령이 됐지만 사람들은 그 매끄러움에 식상해 가고 있었다. 위대한 작곡가는 쉼표의 힘을 알듯 위대한 연설가는 침묵의 힘을 안다. 때로 사람들은 말보다 침묵을 더 신뢰하고 침묵에 더 공감한다. 말보다 침묵이 진실에 훨씬 가까이 닿아 있기 때문일 것이다.

위 기사의 '침묵'은 말 그대로의 침묵이 아니다. 말하기 기술의 한 가지 방법으로써의 침묵일 뿐이다. 눈 맞춤, 질문, 다가서기, 침묵하기의 방법을 통하여 연설에서 보다 극적인 순간을 이끌어낼 수 있음을 보여주는 기사이다. 3분 스피치나 프레젠테이션 발표에 오마바의 침묵을 활용해보는 것도 좋을 것이다.

나는 Visual Media다

아주 쉽게 한 마디로 말하면 visual은 겉모습이다. 이러한 visual이 여러분 말하기의 강력한 무기가 될 수 있음을 숙지할 필요가 있다. 개인이든 다수든 당신의 면전에 앉아 있는 혹은 서 있는 사람에게 여러분 자신은 show의 대상물로서 visual media가 될 것이다. H사의 화장품 매장에 'renew effect essence(새로운 기능성 에센스)'가 전시되어 있고 여러분이 그 앞에 직원으로 서서 그 제품을 설명하고 있다면, 고객들은 그 에센스를 바르고 젊어 보이는 당신을 상상하게 될 것이다. 즉, 여러분은 자신도 모르는 사이에, 여러분이 팔려고 하는 H사의 개인 홍보 media가 되는 것이다.

우리 인간은 상대를 검색하는 데 3초면 충분하다. 그 짧은 3초 동안 인간은 상대를 '보고 들으면서', 호오(好惡)를 결정하며 신뢰와 불신을 결정하고, 그 3초 동안 상품을 구매할지 불매할지를 결정한다고 해도 과언이 아니다. '보고 듣는다'는 것은 목소리를 포함한 겉모습인 것이다. 첫인상을 결정하는 중요 요소로, 목소리는 40% 나머지 60%가 겉모습을 차지한다. 목소리와 더불어 시각 기억이 가장 오래 남는다. 가장 오래 남는 기억이 장기 기억으로 넘어가게 되며, 누군가의 강연 내용이나 누군가와의 담화 내용은 기억하지 못해도 우리 인간은 그 사람의 겉모습과 목소리를 매우 오래도록 기억하곤 한다. 이러한 특징을 십분 활용한 '보여주기(showing)'에 성공한다면 그 말하기는 반쯤은 성공한 것이다.

나를 포함하여 여러분 각자는 하나의 개인 media이다. 여러분은, 여러분의 셀프 포토를 자신의 미니 홈피에 올리며, 여러분이 마음에 들어 하는 여행지의 메타세쿼이아 나무를 찍어 친구에게 첨부하여 보내고, 여러분이 좋아하는 음식 앞에서 그 음식을 먹기에 앞서 디지털카메라로 찍어 사진첩에 보관하면서, 동시에 다른 매체로 자유롭게 전송한다. 이럴 경우 피사체가, 한 그루 나무나 한 접시의 음식이 아니라 바로 여러분 자신이라는 생각으로 visual media를 적극 활용할 줄 안다면 여러분은 이미 청중 앞에 설 준비가 끝난 것이다.

모든 일이 그렇지만 청중 앞에 서기 전 말하기 준비를 철저하게 해야 한다. 즉 리허설을 해야 한다. 혼자든 가족이 지켜보든 널리 쓰이고 있는 이런저런 동영상 촬영기기를 활용하여, 정해진 시간·정해진 주제·정해진 원고 분량으로 준비하여 자신을 촬영해본다. 말하는 데 쓰일 시간이 10분이라면 몇 장 정도의 원고가 적절한지, 10분에 말할 수 있는 주제는 어떤 것이 적절한지 등을 알아볼 수 있는 좋은 기회가 될 것이다. 녹화를 마친 동영상을 보며, 자신의 얼굴 표정·손짓과 몸짓 그리고 시선 처리와 정해진 시간 준수 등등의 사항을 점검하는 것은 어렵지 않은 일이지만 많은 사람들이 아무런 준비 없이 용감하게 연단에 오르곤 한다. 평소 한 번도 자신의 목소리를 객관적으로 들어본 적도, 자신의 말 속도가 어느 정도인지도, 그리고 발음은 다른 사람이 알아들을 수 있는지 등을 전혀 점검해보지 않고 사람들 앞에 서는 것은, 아무런 준비 없이 적군 앞에 서 심장에 칼 맞을 준비를 하는 것이나 다름없다.

한 번 나간 말은 개작이 불가하기 때문에 리허설을 해보는 것은 필수적인 과정이 되어야 한다. 말하기는 글쓰기와 달리 수정·개작의 단계를 밟을 수 없다. 즉 한 번 입 밖으로 나가 공중으로 흩어진 말은 주워 담을 수가 없다는 것이다. 청중은 자신의 귀에 들리는 그대로 들을 뿐 다른 상황을 전제하거나 고민하지 않는다. 즉 한 번 말 잘 못하면 회복불능의 상태에 이른다는 것이다. 리허설은 꼭 필요한 과정 중의 하나이다.

듣는 사람이 누구인가?

생산성 향상을 위한 특강을 담당한 누군가가 남녀 산업역군들을 향하여 '여성은 소변 시간이 78초이고, 남성은 43초입니다'라는 말을 했을 때 그 후폭풍은 아무도 감당하기 어려울 것이다. 화장실 사용에 있어 여성은 남성의 2배 정도가 걸리기 때문에, 화장실에 가지 말라는 소리인지, 아니면 가더라도 반만 일을 해결하고 자리로 돌아오라는 것인지 매우 불쾌한 내용임에 틀림없다. 남녀 산업역군이 모여 있는 자리에서는 절대로 남성과 여성의 소변 시간을 언급해서는 안 되는 것이다. 특히나 시간을 다투는 조립라인 생산직 근로자들이 청중이라면.

듣는 사람이 누구인가에 대한 분석은 철저해야 한다. 듣는 이가 청소년인지 아니면 대학 신입생인지 아니면 주민자치센터의 도서관을 방문한 도서 대출 고객인지 아니면 낙태 찬성론자들의 모임인지, 아니면 연평 폭격을 이 정부의 대북 강경 대책에서 유발된 폭격이라고 생각하는 사람들 모임인지 그 반대인지를 먼저 파악할 필요가 있다. 예를 들어 청소년을 대상으로 하는 '금연 스쿨' 강사로서 각 교육청 강당에서 흡연의 폐해와 문제점을 알려주는 것이 그 목적이라면, 청소년기 흡연이 아직 미성년인 청소년들에게 얼마나 치명적인지를 알려줄 필요가 있을 것이다. 그러나 나이가 지긋한 60~70대의 노인들을 대상으로 한 금연 강연이라면 청소년기의 치명적 문제들을 언급할 필요는 없을 것이다. 그들은 이미 10대의 청소년들이 아니며, 그 치명적 문제점들을 익히 알고 있는 연장자들일 수 있기 때문이다.

이런 문제는 말하기의 목적을 구체적으로 세워놓음으로써 실수하지 않을 수 있다. 듣는 사람이 누구인가를 기록하고, 그들이 원하는 강연 내용이 무엇인지를 정리하며, 말하기의 목적이 무엇인지를 연사 자신이 분명하게 할수록 말하기는 수월하다. 듣는 사람과 말하기의 목적이 평이한 수준에서 접목되어 있다면 말하기는 수월하겠지만 그렇지 않은 경우도 있다. 예를 들면 장애아를 입양하지 않으려는 양부모를 설득하는, 즉 듣는 사람은 정상아를 입양하길 원하고 있으며, 설득하는 복지사는 장애아를 입양시키는 것이 말하기의 목적이라면 복지사는 또 다른 말하기 전략을 세워야 한다. 앞서 언급한 리허설도 매우 중요하지만 이들을 설득할 만한 나름의 논리와 논거를 찾아내야 한다. 장애아 해외 입양보다는 국내 입양이 고아수출국 1위의 불명예를 벗을 수 있는 일이며, 또한 이제는 장애아동 입양의 경우 의료보험 혜택 등의 의료 혜택은 매우 고급한 수준임을 강조할 필요도 있을 것이다.

청중과 말하기 목적, 연사의 강연 등 세 가지 모두가 호흡이 맞을 때 그 강연의 목적은 달성될 것이며 청중 또한 두 귀를 열어 연사의 말을 경청할 것이다.

모두 전문 용어를 싫어한다?

모두가 전문 용어를 싫어한다는 착각으로 청중을 대하면 곤란하다. 청중의 수준이 균질하다는 가정 아래 모든 전문 용어를 쉬운 말로 풀어 줄 필요가 있는 경우는 드물다. 예를 들어, 도시에서 오래 살다 귀농한 사람들을 대상으로 농사법을 알려주는 강연의 경우, 그들이 모두 엘리트라는 생각을 해서도 안 되지만 그들 모두가 농업에 대해서는 아무것도 아는 것이 없다는 생각으로 접근해서는 안 된다. 필요한 경우에는 전문 용어를 적절히 활용하면서 청중을 유도할 필요가 있다. 귀농한 사람들이 모두 고구마 · 감자만을 농사짓는 것도 아니고, 또한 일본이나 유럽 쪽으로 수출 가능한 특용작물만 키우고자 하는 것도 아닐 것이기 때문이다. 이런 강연의 경우 농사 전반의 일반적인 사항이나 주의사항, 농사법의 중요 항목 등을 먼저 강연하고, 이어 귀농한 사람들에게 적합한 몇 가지 예를 들어 구체적으로 설명할 수 있다. 구체적인 설명으로 들어가면서 전문 용어가 나온다고 해도 그 사용을 꺼릴 필요는 없다. 초·중·고생을 대상으로 하는 일방통행의 강연이라면 몰라도, 그 외 대부분의 청중은 자발적인 경우가 많다. 그렇다면 그들은 이미 들을 준비를 하고 자리에 앉은 청중이기 때문에 어쩌면 전문 용어를 하나하나 메모하면서 도서관이나 인터넷 검색을 통해 보다 많은 정보를 사냥할 것이다. 그 자리에서 모든 것을 해결하려는 청중들이 있다면, 강연이 끝난 후 개별 상담 방식으로 개개인의 궁금증을 풀어주는 1:1 대화를 활용할 수 있다.

물론 비자발적인 강제 동원 형식의 청중으로 앉게 되는 경우도 있을 수 있다. 그런 경우라도 해도 상황은 마찬가지이다.

제 Ⅱ 장

말하기 실전 준비

아무도 당신의 말을 주의 깊게 듣지 않는다면?

'말하기의 구조'와 '말하기를 위한 능력'

'나의 말하기' 장·단점 10가지

'말하기 공포증' 극복은 실전과 연습이 왕도이다

'나는 누구인가'가 아니다. 중요한 것은 '나는 누구이고 싶은가'이다

이미지를 스스로 컨설팅하라

상황과 현장을 분석하라

'말하기'의 논리적 구조 짜기는 '자유 연상'에서부터 시작하라

'다발짓기'

'조직하기'

아무도 당신의 말을 주의 깊게 듣지 않는다면?

"인간은 언어적 존재(Homo loguens)이다." 만약 당신의 말을 주의 깊게 듣는 사람이 아무도 없다면, 세상은 당신에게 적대적인 것으로만 비춰질 것이다. 이와 같은 지독한 고독에서 헤어 나올 수 없다는 절망감이 낳은 현대인의 질병이 '우울증'이다. 우울증에 걸린 대부분의 사람들이 가진 인간관계는 지극히 한정되어 있다. 인간관계가 한정되어 있다는 것은 언어 소통 역시 그러하다는 의미이다. 우울증에 걸린 사람들은 가족과의 대화조차 제대로 수행하지 못한다. 그들은 자신의 내면으로 끝없이 침잠하며, 세상과의 교류를 거부한다.

정신분석의 주된 치료법은 정신분석의와 환자와의 대화적 관계에 토대를 둔다. 환자는 '카우치(couch)'라고 부르는 긴 소파에 눕고 정신분석의는 환자의 머리맡에서 그의 말을 경청한다. 여기에서 편하고 자유로운 대화가 인간의 정신을 치유할 수 있다는 사실을 알 수 있을 것이다.

내면의 갈등이나 문제에 부딪혔을 때, 남성들은 자신의 동굴로 들어가는 반면, 여성들은 모여서 '수다'를 떤다는 것은 잘 알려져 있다. 이점에서 일반적으로 남성보다 여성이 정신적으로 건강한 경우가 많다고 할 수 있다. 이들 사례가 '대화'의 중요성을 역설한다는 것을 추론하기란 어렵지 않을 것이다.

인간은 무엇보다 '사회적 존재'이다. '사회적 존재'로 살아가기 위해 필요한 가장 기본적인 능력은 '말하기'에 얼마나 익숙하고 숙련되었는가에 달려 있다. '사회적 성취'도 이와 무관하지 않다. TV에서 마련하는 각종 토론 프로그램을 보면서 말을 잘하는 사람을 보고 감탄해 본 경험은 누구에게나 있을 터이다. 말을 잘하는 능력이 자주 사회적 성공과 직결되는 것은 '사회의 장(場)'에서 '말하기'가 중요한 무기이기 때문이다.

그러므로 아무도 당신의 말을 주의 깊게 듣지 않는다면, 당신은 사회에서 실패할 조건을 이미 갖춘 셈이다. 반대로 누군가 당신의 말에 주목하기를 바란다면, 당신은 사회적 성취를 위한 의지를 가지고 있다는 말이 된다. 현실을 바꾸려는 의지가 있다면, 다음의 단계는 그것을 행동으로 옮기는 일이다. 이제 '말하기 실전'을 위해 검토하고 수행해야 할 여러 사항들을 살펴보자.

'말하기의 구조'와 '말하기를 위한 능력'

말하기를 토대로 하는 의사소통의 기본 구조를 도식화한 한 것이 아래이다. 말하기란 '나(화자)'와 '상대(청자)'가 '말'이라는 수단을 사용하여 어떤 '화제(話題)'에 대한 의견을 교환하는 행위이다. 이 구조가 가족이나 친구나 애인과의 '대화'와 다르지 않다는 점을 기억해야 한다. 의사소통을 위한 '모든' 말하기의 기본 구조는 이와 같다. 다만 '청자'의 수나 말의 '형식' 그리고 말의 '내용'이 달라질 뿐이다.

화자(말하는 이) <<…… 형식(말)과 내용(화제) ……>> 청자(듣는 이)

말하기를 위해 필요한 능력 또한 인간이라면 누구나 가지고 있는 기본에 속한다. 그것은 크게 여섯 가지로 나누어 볼 수 있는데, 나열해 보면 아래의 항목이 된다.

1. 말하려는 주제에 대한 지식
2. 논리적 사고력과 판단력
3. 말하는 사람의 가치관과 세계관
4. 다양한 언어 지식과 활용 능력
5. 비언어적 표현에 대한 이해와 활용 능력
6. 말하는 상황에 대한 이해와 활용 능력

위의 항목들을 스스로 검토해 보라. 1~3은 화제와 그것에 대한 태도, 4~6은 언어적 상황에 대한 이해와 관련되는 항목들이다. 전자는 학습이나 준비에 의해 언제든 충족될 수 있는 성질의 것이다. 후자는 인간 사회에서 태어나서 자랐다면 누구나 가지고 있는 능력이 아닌가.

이 검토가 시사해주는 바는 말하기를 위한 기본 능력이 인간에게 평등하게 주어져 있다는 사실이다. 다만 문제되는 것은 이러한 기본 능력에 얼마나 숙련되어 있는가 정도일 것이다.

'나의 말하기' 장·단점 10가지

"지피지기(知彼知己)면 백전불태(百戰不殆) : 상대를 알고 나를 알면 백 번 싸워도 위태롭지 않다"란 명언이 있다. 병법(兵法)의 기초가 되는 이 명제가 제시하는 핵심은, '지피(知彼:남을 알다)'라기보다는 '지기(知己:자기를 알다)'이다. 아무리 상대에 대해 잘 알아도, 스스로가 가진 장점과 단점을 모른다면 아무런 쓸모가 없기 때문이다. 말하기를 잘하기 위해서도 유념해야 할 명제라고 할 수 있다.

다음의 항목을 체크하여 자신의 말하기 점수가 얼마나 되는지 스스로 평가해 보자. 1점이 최하 점수이며 5점이 최고 점수이다.

말하기 평가 문항	1	2	3	4	5
다른 사람 앞에서 말하는 것이 두렵지 않다					
상대방이 이해하도록 쉽게 말할 수 있다					
정확한 발음을 구사할 수 있다					

말하기 평가 문항	1	2	3	4	5
사투리가 아니라 표준어를 사용할 수 있다					
말하는 속도가 적절하다 (말이 지나치게 빠르거나 느리지 않다)					
말소리에 리듬감이 있다					
지나친 고음이나 저음이 아닌 중저음을 구사할 수 있다					
상황에 따라 높임말을 사용하는 데 익숙하다					
대화할 때, 상대의 눈을 바라본다					
대화를 나눌 때, 맞장구를 쳐준다					

위의 항목에서 자신이 얼마의 점수를 얻었든지 간에, 말하기에 대한 두려움에서 자유로운 사람은 아무도 없다. 아래의 사례들은 이러한 두려움을 좀 더 구체적으로 지적한 것이다. 말하기 '공포증'과 '불안증'이 자기만의 병이 아님을 확인하는 것으로도 충분히 이를 극복할 계기를 마련할 수 있을 것이다.

〈말하기 불안증의 예시〉

1. 일상적인 생활에서 말을 하기는 좋아하지만 공식적인 담화 상황에서 발표 등의 말하기를 해야 할 경우 좀처럼 말문을 열지 못하는 경우가 많다.
2. 일단 말을 시작하기는 하지만 말을 일관된 방향으로 전개시키지 못하고 중도에서 좌절하고 만다.
3. 말의 첫 부분은 쉽게 풀리지만 이내 생각이 고갈되어 버리고 말하기 위해 준비한 내용도 기억나지 않는다.
4. 종종 기발한 생각이 떠올라서 표현하려 하지만 언어화할 수 없거나 이내 기억에서 사라져 버린다.

5. 나는 내가 하고 싶은 말을 했다고 생각하여 만족하지만, 교수님은 내 발표에 대해 그다지 좋은 평가를 해주지 않는다. 나는 왜 그런지 그 이유를 알 수 없다.
6. 고등학교 때 개인적인 감상을 곧잘 발표했는데 대학교에 와서는 상황이 달라졌다. 강의 시간에 하는 발표는 이제까지 내가 해오던 방식으로는 성공할 수 없다는 것을 깨달았다.
7. 나는 고등학교 때 다음과 같은 습관을 가지고 있었다. 관련되는 자료를 전혀 읽지 않고 과제 발표 마감일 직전에 떠오르는 생각에 의존해서 앉은자리에서 단번에 메모를 하고 발표를 하였다. 그러나 대학에서의 발표에서 이런 습관과 방식은 더 이상 통하지 않았다. 발표 때 횡설수설하고 만 것은 당연하였다.
8. 나는 눌변이기 때문에 말하기 평가에서 늘 불리하다고 생각한다.
9. 대중 앞에 서면 말하기를 위해 준비해온 원고를 통째로 읽는 것 말고는 도무지 자연스런 의사 전달을 할 수 없다.
10. 말하기를 성공적으로 마치고 싶은데 말하는 도중에 실수하거나 의사 전달에 실패할까 봐 늘 불안한 마음을 갖고 있다. 그러다 보니 나도 모르게 자주 발표나 토론에서 말을 더듬거나 문장 형식을 만드는 데 실패한다. 점점 말한다는 것이 두려워진다.
11. 말하기 위한 원고를 작성할 때 단번에 완벽한 문장을 쓰려고 하다 보니 진행이 더디고 단어나 문장에 매달리면서 진정 하고 싶은 말을 기록하지 못하곤 한다.

자신의 병과 일치하는 항목이 몇 가지나 되는가. 확인해 보면 의외로 많을 것이다. 이 같은 '불안증'과 '공포증'이 생기는 원인을 대략 4가지 정도로 요약할 수 있다. 첫째, 여러 사람을 상대로 한 말하기 경험이 부족할 때; 둘째, 과거에 말하기를 할 때 망신당한 경험이 있을 때; 셋째, 실패하지나 않을까 하는 두려움을 가질 때; 넷째, 말하기 준비가 불충분할 때 등이 그것이다.

'말하기 공포증' 극복은 실전과 연습이 왕도이다

문제를 해결하는 데 있어서 필수적으로 요구되는 최초의 단계는 그것을 직시하는 일이다. 앞의 절은 이를 위한 과정이었다. 실제로 말을 잘하는 사람들의 대부분은 말하기에 있어서 자기의 장점과 단점을 제대로 파악하고 있는 경우가 많다. 장점을 강화하고 단점을 보완하는 일은 자신의 수준을 향상시키는 전제 조건이다. 그러나 자신의 말하기 능력을 개선하려는 노력이 '완전히 바꾼다'라는 단호한 결의일 때는 실패하기 쉽다. '작심삼일(作心三日)'이 되지 않기 위해 필요한 것은, 현재의 시점에서 시도할 수 있는 '작은 긍정' 들이다. '긍정의 힘'은 자기가 처한 현실을 다르게 볼 여지를 열어줄 것이다. 아래의 항목을 보도록 하자.

말하기 불안증을 극복하는 발상의 전환 사례	
말하기가 어렵고 힘든 과정이라는 부정적 생각에 빠져 있는가?	말하기는 자신을 어필하는 기회이다.
자신의 발표 능력을 과소평가하고 있지는 않는가?	능력이 있어서 기회가 주어진 것이다.
세련되고 화려한 말하기를 해야만 한다는 강박관념에 사로잡혀 있는가?	감동보다 중요한 것은 말하는 내용의 충실성이다. 감동은 그 다음이다.
발표개요의 준비와 연습이 부족했는가?	준비와 연습을 철저히 하면 된다. 이는 노력으로 해결되는 문제이다.

영어 단어 'risk'의 일차 의미는 '위험'이다. 그러나 거기에는 '도박'이나 '모험'이라는 뜻도 포함되어 있다. 이 때문에 경영학에서 'risk'가 높다고 말할 때, 이 말이 함축하는 것은 '이익률'이 그만큼 크다는 사실이다. '도박'과 '모험'은 'risk'가 높다는 바로 그 이유로 인해, 성공했을 때 주어지는 열매가 커진다.

"위기를 기회로" 바꾸는 시작은 이와 같이 작은 발상의 전환이지만 그 효과는 클 것임을 명심하자. 자주 드는 비유이지만 컵에 물이 반쯤 남았을 때, 그것을 명명하는 방법은 삶에 대한 두 가지 태도를 명확히 드러낸다. '물이 반이나 남았다'와 '물이 반밖에 없다'라는 발언 중에서 당신은 어느 쪽인가. 만약 전자라면 당신의 삶이 나아지기 위해 필요한 것은 스스로를 채찍질할 수 있는 '긴장감'이 될 것이며, 후자라면 자신에 대한 조금 더 너그러운 마음을 갖는 '여유로움'일 것이다.

한편 발상 전환의 사례에서 추출할 수 있는 말하기의 태도로 우선 거론할 수 있는 것은 심리적 안정감을 가져야 한다는 것이다. 청중 앞에서 당당하고 자신감을 가지기 위해서 말이다. 다음으로는 청중을 사로잡는 효율적인 전달능력이겠다. 이를 위해서는 다양한 음성 테크닉, 연단 매너, 제스처 등을 익혀야하겠다. 전하고자 하는 핵심적인 내용을 논리적으로 구성하여 말하기를 준비하는 일은 그 마지막이라 할 수 있겠다.

'나는 누구인가'가 아니다. 중요한 것은 '나는 누구이고 싶은가'이다

최근의 신조어 '차도남'과 '차도녀'는 각각 '차가운 도시의 남자'와 '차가운 도시의 여자'를 줄인 말이다. '차가운'과 '도시의'라는 단어의 조합에서 '(때때로 무례할 정도로) 귀족적인 무신경'과 '(부유층만이 갖출 수 있는) 세련된 패션 감각' 정도의 이미지를 떠올릴 수 있다. 방금 '이미지'라고 하였는데, 이런 신조어가 유행한다는 사실은 단순히 그러한 이미지에 대한 선호도가 높아졌다는 것을 의미하지 않는다. 그보다 오늘날의 젊은 세대가 '차도남'과 '차도녀'의 이미지를 '닮고 싶어 한다'고 말하는 것이 옳을 것이다.

인간은 모두 자신이 닮고 싶은 이미지를 가지고 있다. 물론 그것이 현실에서의 모습과 격차가 클 때, 개인에게 좌절감을 안겨줄 수도 있을 것이다. 그러나 반대로 생각하면 그러한 격차는 자기 갱신의 계기가 될 수도 있다. 숱하게 쏟아져 나오는 '이미지 컨설팅' 관련 책자들과 사업들은 이러한 가능성에 근거를 둔다. 이럴 때 당연하게도 중요한 것은 '현재의 나', 즉 '나는 누구인가'가 아니다. '이미지 컨설팅'에서 정작 초점을 맞추는 것은 '미래의 나', 즉 '나는 누구이고 싶은가'이다.

외식업체를 비롯한 각종 서비스업체들이 직원들에게 일정한 유니폼을 입히는 것은 '이미지 컨설팅'의 대표적인 사례라고 할 수 있다. 유니폼을 입지 않는 직장의 경우에도 마찬가지이다. 예컨대, 강진주(『이미지 컨설팅 요럴땐 요렇게』, 영진미디어, 2006)는 금융이나 법조계에서 종사하는 직장인의 경우, '신뢰감을 주고 설득력을 더해주는 이미지'를 주어야 한다고 주장하였다. 이외에도 공공기관·교육계·서비스업계에 종사하는 직장인은 '친근하고 편안한 이미지'를, 광고계·벤처기업의 종사자는 '열정적이고 카리스마 넘치는 이미지'로 어필해야 한다고 언급하였다.

이미지를 스스로 컨설팅하라

'이미지 컨설팅'은 비단 직장인에게만 필요한 미덕이 아니다. 사회적 인간이 아침에 일어나서 '세상'으로 나가기 위해 하는 첫 준비는 자신의 얼굴을 단정히 하는 일이다. 수염이 지저분하게 길었다면 면도를 할지 말지 생각할 것이고, 컬(curl)이 풀어졌다면 파마를 해야 할지 말아야 할지 고민할 것이며, 기미가 생겼다면 비비크림을 살지 선탠을 할지 선택을 할 것이다. 욕실을 나가서는 옷장을 살펴 무엇을 입을지 결정할 것이고, 현관에서는 어떤 신발을 신어야 할지 고민할 것이다. 혹은 자신의 개성을 위해서 전혀 다른 선택을 할 수도 있을 것이다. 이들이 모두 단순한 의미에서 '이미지 컨설팅' 자체이다.

그러나 이 정도 수준의 '이미지 컨설팅'은 주로 개인적이며 친화적인 인간관계에서나 통용될 수 있다. 사회적이며 경제적인 인간관계에서는 보다 적극적이며 의도적인 '이미지 컨설팅'이 요구된다. 마치 백화점의 점원들이 고객이 입은 옷의 브랜드를 보고 응대의 수준을 결정하는 것과 같이, '사회의 장(場)'에서 자신을 드러내고 인정받으려면 '이미지를 스스로 컨설팅해야 한다'. 앞 절의 '직장 유니폼'과 같이 자신의 이미지를 긍정적으로 변모시킬 수 있는 '자신만의 유니폼'을 연상하면 쉬울 것이다. 즉, '이미지 컨설팅'의 출발점이 '어떤 옷을 어떻게 입는가', '머리 모양은 어떤가' 등과 같이 외모 가꾸기에 있음에 유의하자. 사회적 수준에서 자신의 '이미지'를 컨설팅하지 못한다면, 사회적 인간으로서의 성공을 기대하기 어려울 것이다.

'사회의 장'에서 '말하기'를 통해 자신을 드러내고 인정받기를 원할 때에도 사정은 같다. 누군가가 호감을 가지고 나의 말에 주목하기를 바란다면, 가장 먼저 할 것은 그들의 시선을 끄는 일이며, 말의 주제에 적합한 '이미지'를 스스로 만들어 입는 일이다. '말하기'에 있어서 '이미지 컨설팅'이 다른 것과 차별되는 부분은 '음성'과 '말'에 '이미지'를 부여하는 '훈련'이 요구된다는 점이다. 다음은 '말하기 실전'을 준비하기 위한 '이미지 훈련법'의 본보기이다.

〈'말하기'에 있어서 '이미지 훈련법'〉

1. 자신이 가진 다양한 음성을 파악하라. 상황에 따라 사용할 수 있도록 연습하라.
2. 말에 리듬을 부여하라. 음성의 고저, 강약, 완급을 조절하라. 천천히 끊어서 말하며 중요한 부분을 강조하라.

3. 거울과 카메라를 이용하여 표정을 연습하라. 웃는 연습에 열중하라.
4. 말에 감정을 담으라. 진심과 열정을 담아서 표현하라. 물론 지나친 것은 위험하다.
5. 말에 몸짓을 더하라. 공적(公的) 자리에서 필요한 매너를 연습하라. 나쁜 버릇이 있다면 고쳐라.

상황과 현장을 분석하라

실제로 '말하기'를 시도할 때, 우선적으로 파악해야 할 것은 어떤 상황에 자신이 처해 있는지에 대한 명확한 분석이다. 이에 실패할 때, 자신의 '말하기'는 '뜬금없고', '무례하며', '공사(公私)를 구분하지 못한다'는 비난을 받기가 쉽기 때문이다. 상식적이긴 하지만 분류하면 아래와 같은 '말하기', 즉 '대화'의 여러 가지 유형이 도출된다.

1. 형식에 따른 분류 - 대면 대화, 전화 대화, 인터넷 대화 등
2. 내용에 따른 분류 - 설명, 설득, 충고, 거절, 비판 등
3. 대화 상대자에 따른 분류 - 어른, 아이들, 선생님, 외국인, 초면/구면 등
4. 상황에 따른 분류 - 공적인 대화, 사적인 대화(식탁/전화/인터넷) 등

갑자기 닥치는 경우가 아니라면, 보다 구체적이고 세부적인 상황까지 염두에 두고 '말하기'를 준비할 수도 있을 것이다. 이때 이전의 경험들이

교훈이 되어야 함은 물론이다. 만약 자신에게 그러한 경험들이 없다면, 조언을 구할 수 있어야 한다. 특히 '사회의 장'에서의 '말하기'는 처음의 '실패'가 이후에 잇따를 수 있으므로 철저한 사전 준비를 요한다.

'말하기 실전'을 위한 전략을 구성할 때, 잊지 말아야 할 것은 '현장'을 상상해야 한다는 것이다. 그 '현장'에서 자신이 어떻게 말하고 대답하는지를 이미지로 그려내도록 노력해야 한다. '말하기'를 준비하는 과정에서 '주제와 말의 구성'만큼 중요한 것은 상황의 변동을 활용할 수 있는 가능성을 마련하는 일이다. 실수가 있거나 곤혹스런 질문에 마주쳤을 때에 물마시기, 창문을 열거나 닫기, 옷매무새 바로잡기, 원고나 자료 정리하기, 질문과 관련된 원고 부분을 다시 읽자고 청하기 등은 생각을 다시 정리하는 좋은 방법이 된다. 시간을 벌기 위한 저마다의 대처법을 생각해 보자.

'말하기'의 논리적 구조 짜기는 '자유 연상'에서부터 시작하라

상황과 현장에 대한 분석 다음에 할 것은 말할 내용을 찾아내고 논리화하는 일이다. '논리화'라고 해서 미리 긴장할 필요는 없다. 그보다 중요한 것은 '말할 내용'이기 때문이다. '말할 내용'이 명확해지면 '논리'도 자연스럽게 드러나게 된다. 그렇다면 '말할 내용', 즉 '무엇을 말할 것인가'를 결정하는 것이 우선적인 문제가 된다.

'말하기'의 논리적 구조 짜기의 1단계는 '자료 검토'에 '브레인스토밍'(brainstorming)과 '생각그물 짜기'(Mind-mapping)를 병행하는 것이다. 간단히 말하면 자료를 충분히 검토한 다음 그것을 토대로 '자유연상'을 발전시켜 나가는 방법이다. 다음의 예는 '현대사회와 인간 소외'를 주제로 한 '자유연상'을 기록한 것이다. 각각의 가지는 '브레인스토밍'의 결과이고, 전체는 '생각그물'이라 생각하면 쉽게 이해가 되겠다.

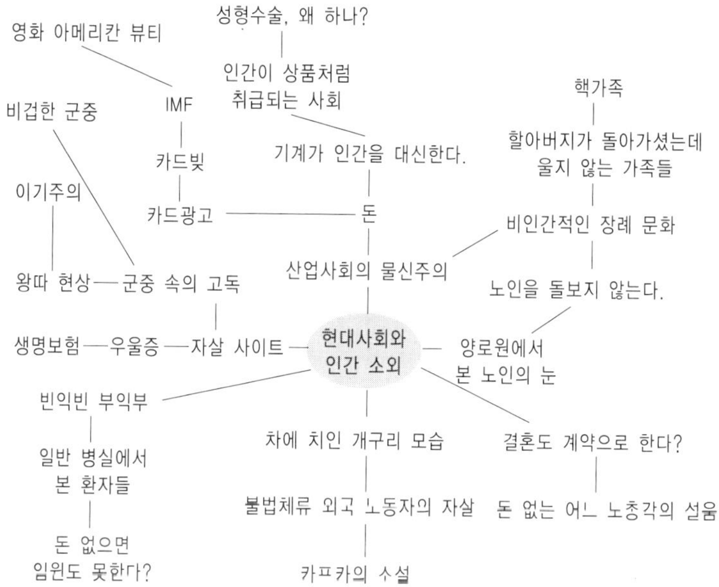

영화 아메리칸 뷰티
성형수술, 왜 하나?
인간이 상품처럼 취급되는 사회
핵가족
비겁한 군중
IMF
할아버지가 돌아가셨는데 울지 않는 가족들
기계가 인간을 대신한다.
카드빚
이기주의
카드광고
돈
비인간적인 장례 문화
산업사회의 물신주의
왕따 현상
군중 속의 고독
노인을 돌보지 않는다.
생명보험
우울증
자살 사이트
현대사회와 인간 소외
양로원에서 본 노인의 눈
빈익빈 부익부
차에 치인 개구리 모습
결혼도 계약으로 한다?
일반 병실에서 본 환자들
불법체류 외국 노동자의 자살
돈 없는 어느 노총각의 설움
돈 없으면 입원도 못한다?
카프카의 소설

'다발짓기'

2단계는 '생각그물'의 부분을 범주화하여 묶어내는 '다발짓기(clustering)'이다. '시간과 공간'·'원인과 결과'·'주장과 근거'·'비교와 대조'·'분류와 분석' 등이 기준이 될 수 있다. 예컨대 위의 도표에서 "차에 치인 개구리 모습", "불법체류 외국 노동자의 자살", "우울증", "군중 속의 고독", "IMF", "기계가 인간을 대신한다" 등이 '다발짓기'의 대상이라고 하자. 그럴 때 다음 도표의 "진술2-경제적 빈곤과 소외"가 만들어질 수 있다.

현대사회와 인간 소외 (주제)

인간 소외는 현대사회가 낳은 비극이다(주제문 혹은 논제)

진술1
(현대산업 사회의 물신주의와 인간 소외 현상)

- 인간을 대신하는 돈, 기계, 상품
- 물신주의와 기계적 생산주의에 원인
- 가진 자와 못 가진 자의 대립

진술2
(경제적 빈곤과 소외 — 죽음, 자살)

- 개구리의 시체
- 자살한 외국 노동자
- IMF와 가장의 자살
- 도시 빈민의 죽음

진술3
(핵가족 시대의 노인 소외)

- 양로원의 노인들
- 생산력이 없는 폐기된 사물 취급
- 전통 윤리 부재의 현실

진술4
(종말론적 불안과 우리의 노력)

- 이기주의와 욕망
- 왕따, 군중 속의 고독, 자살 증후군
- 종말론적 불안
- 소외의 치료 방법을 구하는 노력

'조직하기'

3단계는 '생각다발'들을 논리적으로 배치하는 '조직하기(composing)'이다. 2단계에서 '생각다발'들을 2가지 이상 추려낼 수 있다면, 이 작업은 가능해진다. 가령 위의 도표에서 "진술2"가 "진술1"보다 먼저 오면, "진술2"의 원인이 "진술1"의 "물신주의와 인간소외"라고 밝히는 주장이 될 수 있다. 반대로 "진술1"이 먼저 오면, "진술2"는 "물신주의와 인간소외"가 낳은 참극에 대한 고발이 될 수도 있다.

이상과 같이 '말하기'에 '논리'가 자연스럽게 도입되는 단계는 '3단계'이다. 그전부터 미리 긴장할 필요가 없다고 했던 것은 이런 이유에서이다. 반드시 기억하자. '말하기'의 논리적 구조 짜기는 '자유 연상'에서부터 시작하라. '논리' 때문에 '말하기'를 포기해서는 안 될 노릇이다. 3단계의 과정을 착실하게 거쳤다면 '말하기'에 필요한 '논리'는 스스로 드러나기 마련이다.

참고로 말하면, 이상의 3단계는 '말하기'에만 한정되지 않는다. '글쓰기'의 과정에서 활용해도 무방하다. 장을 끝내면서 효과적인 '말하기'에 필요한 '태도, 자세 그리고 방법'을 추가한다. '말하기 실전'에서 가장 중요한 것은 '할 수 있다'는 자신감이다. '자기 암시'가 필요한 이유는 '믿음이 현실을 만들어낼 수 있기 때문이다'.

'말하기'의 태도, 자세 그리고 방법

1. 자기 암시를 하라.
   1) "반드시 전하고 싶다"고 생각하라.
   2) "반드시 전할 수 있다"고 다짐하라.
   3) "전해지고 있다"고 믿으라.

2. 쉬운 데에서 시작하라.
   1) 솔직한 심정을 말하라.
   2) 최근의 경험을 인용하라.
   3) 앞선 발언자의 언급을 활용하라.
   4) 사회적 이슈를 활용하라.

3. 청중을 제압하라.
   1) 〈1:1〉이라 생각하라.
   2) 짧은 문장으로 말이 흘러가게 하라.
   3) 한 문장을 말할 때마다 한 사람의 눈을 보라.
   4) 자신감 있게 손과 발, 몸짓을 활용하라.

4. 긴장감을 청자에게 돌려주라.

1) 아는 사람 혹은 긍정적인 사람을 발견하라.

2) 어렵거나 난해한 질문으로 시간을 벌라.

3) 말을 멈추고 움직이며 생각하라.

4) 발표지의 일부를 지적하여 읽게 하라.

제 Ⅲ 장

찬반 토론 말하기

토론(debate)이란 무엇인가?

듣는 사람을 내 편으로 만들기

아는 것이 없으면 할 말도 없다

듣는 사람을 존경하는 말하기

입장과 목적 표현을 우선 간단명료하게!

토론은 싸움 직전이 가장 활성화 단계다

반박할 때는 재반박을 준비하라

히든카드, 대안

의외의 변수, 용어의 개념

토론(debate)이란 무엇인가?

공자의 『논어』에는 '군자불기(君子不器)'라는 말이 나온다. 즉 지식인이란 그릇에 담긴 존재가 되어서는 안 된다는 뜻이다. 여기서 그릇이란 특정 기능을 말한다. 악기 연주에서 영혼 없는 악기 연주자라면 기능의 소유자일 뿐이며, 테크놀로지에만 집중하여 우리가 나아갈 방향을 설정하지 못한다면 우리는 자기 분야의 기능인으로만 존재할 뿐이다.

말하기나 글쓰기의 1차적 교양을 제대로 갖춘 진정한 교양인은 어떤 한 분야의 전문가이면서 세상과 인생에 대한 전반적 이해가 가능한 존재여야 한다. 진정한 교양인은 또한 자신의 위치를 객관화할 수 있는 능력의 소유자이면서, 타자의 시선으로 자신을 볼 수 있는 힘이 있는 사람이다. 편견과 폭력이 없는 사회·전쟁이 없는 사회·가난과 차별이 없는 사회·남성과 여성이 다르지 않은 사회 등등이 교양 있는 사회의 덕목들이다. 이러한 이상적 사회를 꿈꾸는 교양인은 내면적으로 자유롭지만 풍부한 상상력으로 상대에 대한 감정이입이 가능하기 때문에 타인의 고통에 관심을 기울이며 그것의 개선책을 함께 고민하는 사람이다.

말하기의 핵심인 찬반 토론은 일종의 토의이다. 토의는 아직 사회적으로 미결 상태에 있는 현안이나 hot issue를 공론화하여 그것의 명확한 해답을 얻기 위한 하나의 과정과 형식을 통칭한다. 토의는 공동의 문제에 대하여 공동으로 생각하고, 즉 여러 각도의 의견 제출이 가능하기 때문에 투표 방식에 의한 다수결의 원칙에 따르기보다는 소수자의 견해도 서로 교환·반영될 수 있는 특징이 있다. 토의의 일종인 찬반 토론은 찬성(긍정)과 반대(부정)로 나뉘어 서로의 견해와 지식·정보·자료 등을 통한 논증적·논리적 검증을 거치는 말하기로, 합리적인 의사 결정을 이끌어내는 하나의 방법이다. 즉, 토론자와는 반대 의견을 가진 사람을 토론자의 견해 쪽으로 끌어들여 자기편으로 만드는 과정이다.

민주적인 형식과 절차를 중요하게 생각하는 토론의 목적은 민주 시민의 양성에 있다고 볼 수 있다. 그러나 우리나라 고등교육의 현실을 보면 토론에 대한 학습이나 훈련이 거의 이루어지지 않고 있다.

하지만 수다쟁이의 나라 프랑스에서는, 텔레비전 talk show와 같은 잡다한 주제의 토론이 커피 한 잔을 사이에 두고 일상적으로 이루어지고 있고, 미국에서는 고등교육뿐만 아니라 중등교육에서도 토론은 필수로 활성화되어 있으며 전국 규모의 토론대회도 다수 있다. 우리와 비슷한 처지에 놓인 일본에서는 토론문화가 그리 활성화되어 있지는 않지만 토론의 강자를 존중하는 사회 분위기가 조성되어 있다.

예전에는 권력이나 부와 같은 일방적인 힘에 의한 문제 해결이 우선했다면 앞으로는 찬반토론과 같은 쌍방향 커뮤니케이션의 핵심 역량을 토대로 한 문제 해결이 우선할 것이다. 사회와 사회 구성원이 점차 이익집단의 성격을 띠면서 토론의 중요성이 날로 부각되고 있다. 그런데 한 걸음 들어가 보면 결국 자신의 말로써 상대방을 설득하고자 하는 목적의식이 있을 뿐이다. 악용하지 않는다면 찬반토론이야말로 논리적 정당화를 통한 민주시민 양성에 기여할 것이며, 대학에서의 말하기 교육과정 실전에 많은 도움을 줄 것이다.

토의에 포함되는 것은 찬반토론 외에도 심포지엄·패널토의·포럼·원탁도의 등이 있으며, 가장 많이 사용되는 토의의 종류는 아래와 같이 간략하게 정리할 수 있다.

찬반토론 : 처음부터 찬성 의견과 반대 의견으로 나뉘어져 시작하는 토론으로서 각 입장 당 4-5명 정도가 적당하다.

예) 사형제도, 혼전 동거 등.

포럼 : 고대 로마에서 시작된 '포럼'은 애초에 광장을 뜻하는 말이었는데 이후 공공의 장소에서 공공의 문제를 거론하는 토의를 지칭하게 되었다.

예) 동북아 미래 포럼, 교과서 포럼, 아시안 투어리즘 포럼, 한일학생 포럼, 포스트 서울 포럼, 인천 세계 환경 포럼 등.

심포지엄 : 권위자와 전문가들이 토의에 참여하여 자신들의 계통적·권위적 전문 지식을 청중에게 제공하는 것으로서 강연식 발표로 이루어지며, 발표가 끝난 후 청중이 질문할 수 있다.

예) 배아 복제, 방폐장 건립, 세계문학전집 번역 의의와 전망 심포지엄 등.

브레인스토밍 : 10명 이내의 인원이 토의에 참여하여 다다익선(多多益善)의 아이디어를 제출하는 토의로써 질보다는 양을 추구한다. 시급한 해결책이 요구되는 새로운 현안에 적용하여 토의할 수 있다.

예) 기생충 김치 파동, 구제역 발생 관련 문제 등.

계발식 토의 : speaker 1명이 정보와 지식·견해 등을 제시하고 청중의 참여를 유도하는 토의이다. 청중의 참여도에 따라 토의의 질이 달라져, 일방적 강의가 되기도 한다.

예) 대학 강의, 여러 가지 모든 논제들이 가능.

듣는 사람을 내 편으로 만들기

찬반 토론 말하기는 한 학기 내내 진행이 가능한 하나의 교육 과정이 될 수도 있다. 집단토론 방식을 입시나 입사의 면접평가 방식으로 채택하고 있는 학교나 기업도 다수이다. 입학 시에는 실질적 대학 수학능력을 평가하는 기준이 되고, 입사 시에는 회사 내에서의 창의성과 업무능력 등등의 근무 활동성 등을 평가하는 기준이 된다. 몇몇 대학의 찬반 토론 대회는 수십 개 팀이 토너먼트 형식으로 승패를 가리는 방식으로 진행되는데, 논제는 1주일 전에 주어지며, 찬반팀 구성은 당일 추첨을 통하여 이루어진다. 60여 분 정도로 진행되며, 성적 산출은 논거의 참신성과 다양성 · 표현의 명료성 등을 본다.

다음은 하나의 예로써 사형제도 찬반 토론을 위한 실전 준비 과정이다.

논제 : 사형제도 폐지와 존속

● 사형제 찬반 '토론 쟁점'

1. 현재 우리나라는 사형제도 존치국이다. 하지만 최근 10년 이내에 단 한 건의 사형도 집행되지 않았기 때문에 사실상의 사형제도 폐지국이나 다름없다.
2. 사형제도 존치 시, 범죄 억제 효과는 몇 % 정도인가?
3. 흉악범 문제는 사형제도 존속으로 사라질 수 있는가?
4. 국민의 법 감정 상 사형제도의 폐지는 어떤 영향을 미칠 것인가?
5. 사형 자체의 비인도성은 법 감정과 어떤 관계에 놓일 수 있는가?
6. 오판 가능성과 오판 시 회복불능성은 어떻게 생각하는가? 오판으로 인한 피해자들이 발생하는 만큼 오판으로 인한 사형은 어떻게 보상 받을 수 있는가?
7. 정치에 악용될 소지는 없는가?

● 사형제 찬반 '토론 쟁점'에 따른 또 '다른 토론 쟁점'

1-1. 사실상의 사형 폐지국인데도 사형제도 존속 폐지를 찬반 토론할 이유가 있는가?

2-1. 범죄 억제 효과가 낮다고 해도, 효과가 있다면 그것은 집행되어야 한다. 왜냐하면 수술 중 사망 가능성이 있는 경우의 환자라도, 치료 효과가 있다면 수술을 해야 하는 것과 같지 않은가?

3-1. 사이코패스 등 흉악범들이 사형당할 것을 두려워할까? 그들은 이미 자신의 목숨을 담보로 게임을 즐기듯이 살인을 하는 사람들이다. 그렇다면 사형제도가 그들의 범죄를 줄일 수 있는 방법은 될 수 없다. 문제는 어떠한 강력한 처벌로도 해결되지 않는 동물적 인간성(?)의 소유자들과 정신질환자들이기 때문에 그들을 예방하기 위한 방법은 DNA datebase를 확보해 사전 예방하는 것이 좋다?

4-1. 자신의 자식을 살해한 사람을 사형에 처해야한다고 주장하는 부모들이 많다. 그들이 가진 법 감정은 손에는 손, 이에는 이인가? 그래서 살인자가 사형을 당하게 된다면 그 부모들은 법 집행이 제대로 되었다며 죽은 자식을 잊고 살 수 있는가?

Tip

1. 찬반토론은 위와 같은 쟁점의 개념과 본질을 단계적으로 깊게 파고 들어가면서 논의를 확장하는 것이 유리하다. 위 쟁점들은 반박을 당하거나 다른 쟁점과 마찰을 빚을 수 있다. 그러나 피상적으로 '비인도적이어서 폐지해야 한다'는 주장은, 사형만이 비인도적이냐, 아프리카를 비롯한 제3세계의 아이들, 굶어 나뭇가지처럼 몸이 비틀린 아이들을 보면 무슨 생각이 드느냐는 반박을 피할 수 없는 것과 같다. 범죄자로서 사형을 기다리는 사람과 그 집행 현장의 비인도성보다 중요한 것은, 살아 있는 아이들의 '식물'과도 같은 생존의 모습이다. 찬반토론은 그 현장을 압도하면서 – 물론 논리적이어야 한다 – 듣는 사람들을 설득해야 하기 때문에, 무엇이 비인도적인지의 예를 적절히 들어야 '이긴다'.

Tip

2. 찬반토론 전날, 찬성 쪽이든 반대쪽이든 다음 영화 중 한편 정도는 보고 가는 것이 좋다. 「데드맨 워킹」, 「우리들의 행복한 시간」, 「집행」, 「그린마일」, 「어둠 속의 댄서」, 「숨」

Tip

3. 중요한 자료는 세계 각국과 우리나라의 통계 자료치이다. 물론 사형 관련 내용이다. 예를 들면 사형제도 존속 국가의 범죄율 발생 퍼센트와 폐지 이전과 이후의 범죄 발생률 변화 등등, 자신이 속한 그룹의 입장을 설명할 모든 자료를 한손에 쥐고 착석해야 높은 점수를 받는다.

아는 것이 없으면 할 말도 없다

찬반토론 말하기는 서로 찬반의 입장 차이가 명확한 주제로 시작하게 된다. 명확한 입장 차이를 언급하고 토론에 참여하려면 주어진 주제에 대하여 아는 것이 있어야 한다. 아는 것이 그저 인터넷이나 주변 지인들이 알고 있는 수준이라면 토론에서 한 번 정도의 발언으로 끝이다. 어떤 말하기도 마찬가지지만 찬반토론 말하기에서는, 논제 관련 전문가의 견해나 단행본의 한 소절이라도, 그리고 영화 한 편의 대사 한 마디라도 활용해야 한다. 예를 들면, 찬반토론 논제로 자주 등장하는 사형제도 관련 찬반 논쟁에서는, 앞 절 tip에 제시된 것처럼, 「데드맨 워킹」·「우리들의 행복한 시간」·「집행」 등 영화 한 편이라도 보고 온다면 상대 설득의 무기를 한 가지 더 가진 셈이다. 또한 오판으로 인한 피해자 문제를 '피해자 모임'에서 얻은 내용으로 언급할 수 있다.

다시 말해 아는 것이 있어야 토론을 잘 할 수 있다. 가령, 논제가

'혼전 동거'라면 혼전의 개념과 동거의 개념은 말할 것도 없이, 혼전 동거라는 복합 명사의 뜻을 명확하게 아는 것이 중요하다. 혼인을 전제로 한 동거를 말하는 것인지, 혼인과는 무관한 단순 동거를 말하는 것인지, 개념 규정이 명확한 상태에서 토론이 이루어져야 한다. 특히 찬반토론 말하기에서는 어느 쪽 입장에서 토론에 참여할 것인지 먼저 정하고, 자료 검색과 정보 수집에 만전을 기해야 한다. 그러나 여기서 찬반토론의 한쪽 입장만을 고수하게 되면 토론의 승자가 될 수 없다. 왜냐하면 찬성과 반대 어느 쪽에 앉아서도 상대를 압박할만한 능력을 갖추어야 하기 때문에, 개인의 입장 혹은 호·불호만을 자신의 입장으로 삼으면 안 된다. 정부정책 입안이나 첨예하게 입장이 대립되는 방폐장 건립 등의 논제인 경우, 향후 자신이 어떤 자리 어떤 입장에서 찬반토론을 하게 될지 아무도 모르기 때문에 학생 시절, 논제나 사안 별로 한쪽 입장을 정하여 토론에 참여하는 것은 매우 위험한 발상이다.

자료검색이나 정보수집이 naver와 같은 포털사이트 수준에서 그친다면 상대팀을 설득하기 어렵다. 찬반토론의 특징 상, 같은 수위의 논의를 핑퐁처럼 갑론을박 주고받는 것에서 그치기 쉽다. 상대를 압박 공격할 만한 결정적인 근거 확보가 필요하다.

또한 상대팀의 의견을 경청할 때 반박할 내용을 빠르게 메모하여 활용해야 한다. 상대팀의 말하기가 끝날 때까지 기다렸다 그 내용을 메모하고 자신의 견해를 찾아내려는 순간, 발언권은 이미 다른 사람

다른 곳으로 넘어가기 때문이다. 논거로 제시할 자료는 미리 파일 형태로 만들어 참석하는 것이 좋다. 상대팀의 요구도 있을 수 있지만 발언하는 본인이나 팀의 신뢰를 높여주기 때문이다.

듣는 사람을 존경하는 말하기

청중은 어느 팀이 옳은지 그른지를 따지기도 하지만 어느 팀이 더 설득력 있는 주장을 하느냐에 두 귀를 연다. 왜냐하면 찬반토론의 논제 특성상 현재진행형의 미해결 논제들이 대부분이며 아직 옳고 그름을 판단할 수 없기 때문이다. '안락사 혹은 존엄사' 논쟁이나 '배아복제' 논쟁 혹은 '사형제' 논쟁 등등을 떠올리면 쉽게 답이 나온다.

토론 시 듣는 사람에게 효과적으로 의견을 전달하는 방법은 여러 가지가 있다. 눈 맞춤(eye contact)은 토론자 자신이 보다 진지해 보이는 인상을 주어 청중 설득에 도움을 준다. 음성 조절 또한 중요한 부분의 단어나 문장에 강세를 주거나 높낮이를 조절하고 음량을 조절하는 방법을 사용할 수 있다. 말의 속도는 보통 1분당 130-180단어 정도를 말하는 것이 적당하다. 초보자들의 경우 천천히 정확하게 말하는 것이 유리하다. 얼마나 말이 빠르냐보다 자기주장을 얼마나 정확하게 들려주느냐가 중요하다. 수사적이고 우아한 표현들은 때로 청중들에게 좋은 인상을 준다.

대부분의 말하기는 듣는 사람을 존경하는 말하기가 되어야 한다. 따라서 청중에게 자신의 논의가 논증적·실증적·합리적이라고 판단할 수 있는 근거를 제공해주어야 한다. 그래야만 청중은 당신의 말을 확신할 수 있다. 상대팀과의 논쟁에서는 여러 가지 측면에서 우위를 차지했으나 청취 feedback을 실시한 결과 청중들이 내린 판결은 반대로 드러나는 경우도 종종 있기 때문이다. 상대팀을 반박하기 위한 논리적 증거가, 경쟁 관계에 있는 다른 증거보다 더 최신의 것인지 그리고 이미 받아들여진 다른 증거들과 모순되지는 않는지, 이미 제출된 증거들과 상충되지는 않는지를 고려해야 한다. 또한 제시된 증거가 전체를 대표할 만한 신뢰성을 가지고 있는지도 꼼꼼하게 따져보아야 한다. 여기서 주의할 것은, 증거를 제시할 때 그 증거가 가진 본질적인 면은 제쳐두고 부수적인 면만을 부각시키거나 왜곡하는 행위이다. 그러한 행위는 부도덕하다. 그리고 출처를 밝히지 않은 증거는 논거로서 가치가 없다.

논의하고 제출한 아이디어와 정보·지식 등이 청중의 이해를 돕거나 확신을 주어 그들의 행동을 촉구할 수 있는 방향으로 토론이 진행되어야 할 것이다.

입장과 목적 표현을 우선 간단명료하게!

상대방의 논거가 부당하다는 것을 명백하게 밝힐 경우 두괄식 표현이 좋다. 미괄식으로 처리하기 위해 서두를 장황하게 늘어놓을 경우, 바로 반박을 당할 수 있으며 끝까지 자신의 논의를 개진하기 어려운 상황도 발생한다.

더욱이 미괄식은 청중 설득에도 실패하기 쉽다. 처음 찬반 토론을 시작할 때, 찬성이면 찬성, 반대면 반대를 짧은 설명을 곁들여 명확하게 먼저 말해두는 것이 좋다. 물론 이미 찬성과 반대로 나뉘어진 토론자들이 의견을 제출하는 것이기 때문에 청중은 대체로 어떤 입장의 토론자들인지 알 수 있다. 하지만 대학에서의 토론 실전과 같은 경우, 청중은 산만하며 어느 쪽이 반대쪽 입장인지 찬성쪽 입장인지 자주 헷갈려한다는 점을 염두에 두어야 한다.

또한 첫 입장 표명과 논리에서 토론자들의 능력 차이나 의견 차이

등이 쉽게 구별되기 때문에 준비를 철저하게 해야 한다.

그리고 토론의 마지막에 이르러서는, 간단명료하게 정리하여야 한다. 방폐장 건립과 같이 집단적으로 찬성이든 반대든 한쪽 입장을 지지하는 행동을 이끌어내야 할 논제의 경우, 경청한 청중들을 이끌고 방폐장 건립 관련 의견을 결집하면서, 그들에게 명확한 구호를 제시해 실행에 옮길 수 있도록 도와주어야 한다.

이렇게 하기가 쉽지 않지만, 찬반 토론에서는 청중들을 자신의 견해 쪽으로 이끌 수 있는 능력을 갖추어서 청중이 직접 행동할 수 있을 정도로 치밀하게 압박해야 한다. 반대 의견을 가진 토론자들은 어떻게 할 것 같은가? 그들은 아마도 다른 토론장을 통하여 자신의 견해를 관철시키고 자신의 신념과 철학에 따라 청중을 이끌고 명확한 의사 표시를 겸한 행동을 보여줄 것이다.

토론은 싸움 직전이 가장 활성화 단계다

토론 전개를 할 수 있는 구체적인 방식에는 실증적 자료 제출·반박·발언 중 끼어들기 등이 포함된다. 실증적 자료에는 추론·주장·실제 사례들·사례 연구 결과·사실·통계·유추 등이 사용된다. 실증적 자료는 살인 사건 현장 등에서 나타난 지문이나 머리카락 등과 같이 움직일 수 없는 것들도 있으며, 다른 사람이 관찰하여 작성한 통계자료 혹은 누군가에 의해 제기된 의견 등도 있으나, 후자의 경우 그 권위에 따라 평가가 얼마든지 달라질 수 있다. 그 사람이 해당 분야의 권위자라면 정당성은 강화될 것이다. 그러나 그 권위자가 과거에도 현재도 관련 연구를 충분하게 보여주었는지, 그 사람이 해당 문제에 편견은 없는지 검증한 이후, 책이나 신문 등을 통해 발표된 내용을 증거로 제시할 수 있다. 권위자의 견해는 그것을 듣는 사람들이 인정해줄 때만 권위를 얻을 수 있다.

찬반토론의 백미는 의견을 제시하면서, 즉 반박하고 또 반박하면서 더 이상 자신의 의견 제출이 가능하지 않은 단계가 가장 활성화 단계이다. 여기서 반박은 상대방의 주장을 명백하게 반대하기 위해 도입된다.

활성화 단계의 한 측면에서 보자면, 감정이나 충동에 의해서도 듣는 사람은 설득당하기 때문에 매우 조심스럽다. 지금까지의 토론은 감정과 관련된 것들을 배제해왔지만 최근에는 신념이나 태도·가치 등을 판가름하는 논제의 경우, 어느 정도 감정적인 판단과의 관련성을 인정하고 있다. 예를 들어 '낙태 찬성'의 경우 그것을 여성의 '자기결정권' 등의 논리로 설득하는 방법도 있지만, 낙태를 금지했을 때의 정신적인 고통을 청자들에게 호소하는 것도 하나의 방법으로 그 효과 면에서 논리적 설득을 뛰어 넘을 수 있다. 그러나 주의할 것은 이러한 시도가 신념을 이끌어 내는 설득의 차원을 넘어선 비논리적 선동이 된다면 청중은 설득 당하지 않는다는 것이다.

상대 토론자에게 종교·성별·인종적, 성적 취향·사회적 위치 또는 신체적 장애 등에 기초한 차별적인 발언을 했을 경우, 듣는 누구라도 그 팀 전체를 0점 처리한다는 것을 명심하여 아무리 토론이 가열되었다고 해도 이런 실수를 저지르지 말아야 한다.

반박할 때는 재반박을 준비하라

반박은 자신이 속한 팀의 쟁점을 단순하게 나열 제시하는 것이 아니라, 상대팀의 주장을 확실하게 깨는 행위이다. 하나의 단순한 주장은 상대편에 쉽게 제압당하겠지만 신뢰할 만한 논거를 동반한 반박은 국면을 전환시켜 자신의 팀을 유리하게 이끌 것이다. 상대팀의 의견을 반박한 이후 찬반토론의 승패가 판결나는 것은 아니다. 다시 재반박을 준비해야 한다. 상대팀에게 반박할 때 보통 흔히 저지르는 실수 중 하나는 너무 적은 증거만 가지고 일반화의 오류를 범하는 것이다. 이런 경우는 재반박을 대비한 두 번째, 세 번째 논거를 제출할 준비를 해야 한다.

예를 들면 누군가가 '레온 고시에'의 『이슬람 철학 서설』에 소개된 아랍사람들의 폭력적 성향을 반대하기 위해, 안양시의 아랍 예배당에서 만난 '선량한 5명의 아랍인'을 그 근거로 삼는다면, 그 근거는 바로 반박

당할 것이다. 이러한 일반화의 오류를 저지르지 않기 위해서는 '선량한 5명의 아랍인' 외 50명이든 50권의 책이든 그 '선량한 5명의 아랍인'을 뛰어넘는 제2의 자료를, 즉 충분한 정보를 가지고 있어야 한다. 좀 더 쉽게 말하자면, 일본 여행을 하면서 만났던 1~2명의 일본인들이 친절했다고 해서 모든 일본 사람이 친절하다는 언급은 반박 당한다는 것이다. 즉 일본인이 친절하다는 대표성 있는 논거를 들어야한다는 것이다. 그런데, 과연 '친절성'을 가늠할 수 있는 대표성 있는 자료는 있는가? 없다.

히든 카드, 대안

다른 얘기로 넘어가보자. 두 번째는 대안들을 간과한 오류이다. 두 가지의 선택 가운데 하나를 선택해야 할 경우를 들어보자. 연평도에 주둔하는 해군 병사의 한 명으로서 휴가 중이던 그 병사가, 2010년 11월에 있었던 북한의 연평도 공격 상황에서, 부대로 복귀해 북한의 공격에 맞설 것인가 아니면 지방에 홀로 남겨진 어머니를 지킬 것인가 둘 중 하나를 선택해야 하는 찬반 토론이 열렸다고 가정하자. 이럴 때, 이 두 가지의 선택을 들여다보면 하나는 어머니를 포기하고 북한의 공격에 맞서거나, 또 다른 선택은 부대 복귀를 포기하고 어머니만을 지키기 위해 지방에 남는가를 생각할 수 있다. 그러나 이것은 아니다. 그 해군 병사는 지방의 어머니를 지키면서도 해군 병사로서의 역할을 담당할 수도 있기 때문이다. 어머니 곁을 지켜야한다는 입장과 부대 복귀를 해야 한다는 입장이 팽팽할 때, 토론자들은 두 가지를 함께 할 수 있다는 또 다른 대안을 간과할 수 있다. 이런 대안을 먼저 제출하는 쪽의 토론자가 이기는 것은 분명하다.

윤리적인 논제의 예를 들어보자. 낙태 찬반 논쟁에서, 낙태 반대론자들은, '태아는 당신이나 내가 가진 모든 권리를 다 가진 인격체'라고만 말하고, 반대론자들은 '생명이라고 보기 어려운 한 덩어리의 세포조직'이라고만 말한다면 기대하는 토론 결과를 이끌어내기 어렵다. '인격체' 혹은 '세포조직'만을 내세울 것이 아니라 보다 많은 선택지와 대안들을 제출하는 것이 바람직한 토론자의 태도이자 윤리이다. 이것이 결과적으로 보다 생산적이고 긍정적인 대안 도출을 가능하게 하는 통로이다.

의외의 변수, 용어의 개념

용어 개념의 부적절성 때문에 반박을 당할 수도 있다. 아주 흔하게 사용되지만 뜻이 확실하지 않은 용어라면 그 용어의 개념 규정은 매우 중요하다. '안락사' 찬반 토론이 있다면 '안락사'의 의미가 무엇인지 '존엄사'가 무엇인지를 엄격하게 정의내리고 접근해야 한다. 물론 토론 전에 용어나 개념 규정이 분명하게 이루어져 무엇에 대해 찬반 토론할 것인지를 정하는 것도 중요하다. 사전을 들고 시작할 필요가 있다. '낙태'를 정의하는 국립국어원(www.korean.go.kr)의 내용은 '자연 분만 시기 이전에 태아를 모체에서 분리하는 일'이다. 그러나 낙태 반대론자들은 '낙태는 아기를 살해하는 것을 의미'한다고 말할 것이다. 국립국어원 사전 목록의 낙태는 도덕적인지 비도덕적인지를 규정하지 않는 중립적인 정의에 해당하지만, 낙태 반대론자들의 '낙태'라는 용어 규정은 감정이 실려 있다. 낙태 반대론자들은 법적으로 허용된 범위 내에서 낙태를 하는 선의의 사람들조차 악의적으로 몰아붙이는 뉘앙스를 풍길 수 있으며 낙태 찬성론자의 경우도 마찬가지가 될 수 있다.

또 다른 예를 들어보자. '마약'을 어떻게 정의할 것인가? 정확하게 헤로인·코카인·마리화나는 마약이다. 그러나 얼마 전에 마리화나는 중독성이 없으므로 마약이 아니라고 선언한 사람도 있었다. 우선 마약이 아닌 것을 제외시켜보자. 물·공기·초코파이 등을 포함하는 대부분의 식품은 마약이 아니다. 마시고 흡입하고 먹지만 그것들은 분명히 마약이 아니다. 담배나 알코올은 불확실하다. 아스피린·항생제·항우울제 등도 불확실하다. 이럴 경우 확실한 구분선을 그어주어야 한다. 그어진 구분선 안쪽에 들어가지 못하는 것들이 왜 그 안에 못 들어가는지 설명하면 된다.

일단 마약은 '마음이나 신체에 어떤 방식으로든 영향을 끼치는 물질'로 정의돼왔다. 그러나 이 정의는 매우 포괄적이다. 이 개념 규정에 따르면 물도 초코파이도 마약이 된다. 여기서 마약의 개념을 연장하여 '불법적인 물질'이라는 개념을 추가하자. 그러나 이것 또한 불분명하다. 불법적인 물질 모두가 마약은 아니기 때문이다. 불법 무기 거래나 유사 휘발유가 마약은 아니기 때문이다.

그렇다면 여기에 '중독성'을 추가해보자. 그러나 콜라나 커피 등이 마약이 아닌 것은 분명하듯이 중독성만 가지고는 마약인지 아닌지를 정의할 수 없다. 약(medicine)과 마약(drug)이 아닌 것의 경계는 확실해졌는가?

마리화나가 비중독성임을 말하는 사람들이 나오면서, 이제 '중독성'이 마약의 남용을 막아줄 수는 있지만 마약 자체를 정의해줄 수는 없게 되었다. 그래서 마리화나는 이제 마약이 아닌가? 이제 마리화나가 마약인가 아닌가보다, 그것을 어떻게 '금지'할지를 논증해야 한다. 완전 금지가 아니라 통제 관리가 필요한 약품으로 특정한 항우울제나 치료약으로만 유통시키면 될 것이다.

좀 더 깊이 들어가 보자. 커피와 술의 경우이다. 제한된 정의에 따르면 가장 널리 사용되는 마약은 커피와 술이다. 그러나 금지되거나 불법적인 물품은 아니다. 왜냐하면 커피의 경우 그 효과가 경미하며 긍정적 요인도 있기 때문이다. 그러나 알코올은 간 질환 등 신체 작용이 매우 위해하며 음주 운전이 교통 사망사고의 절반 이상을 차지하기도 한다. 그리하여 알코올을 마약으로 분류하고 금지한다면, 여기서 또 반박이 뒤따른다. 이렇게 '정의'를 내리는 과정 자체가 어렵기도 하지만 설령 정의가 내려진다해도 그 자체만 가지고 논증이 수행되는 일은 없는 경우도 있다는 것을 알고 찬반토론에 참여해야 한다.

제 Ⅳ 장

프레젠테이션

디지털 시대의 새로운 커뮤니케이션, 프레젠테이션

프레젠테이션의 종류와 구성 요소

상품을 팔 것인가 감동을 팔 것인가

목소리와 제스처, 들리고 보이는 당신의 모든 것을 도구로 삼아라

PT보드 작성 포인트

프레젠테이션, 이렇게 하면 성공한다

SOS! 프레젠테이션 위급상황 대체 테크닉

디지털 시대의 새로운 커뮤니케이션, 프레젠테이션

프레젠테이션이란 자신의 주장이나 의견, 아이디어를 설명하여 청중(특정집단, 고객, 상사 등)에게 이해시키고 자신이 의도한 결과를 이끌어 내는 발표 활동으로, 이미지나 영상자료 등 시각적 효과를 도입하여 문서로는 잘 전달할 수 없는 내용을 효과적으로 전달할 수 있는 장점 때문에 우리 주변에서 널리 사용되고 있는 말하기 방식이다.

최근에 기업의 비즈니스 현장을 비롯해 각종 학술발표나 심포지엄 등에서 활발하게 활용되고 있으며 교육 현장에서도 필수로 자리 잡고 있다. 문자 매체를 중심으로 한 발표와 수업보다는 영상이나 이미지를 삽입한 파워포인트를 활용한 방식이 전달력과 효율성이 높기 때문이다. 또 국민들의 민주적 정치의식의 보편화와 개방적 사회 분위기를 반영하여 공공기관들도 밀어붙이기식 권위주의 행정에서 벗어나 공청회 등을 통해 여러 국민들의 의견을 수렴하거나 행정계획을 공고할 때 프레젠테이션을 활용하기도 한다. 이처럼 프레젠테이션은 이제 우리가 언제 어디서나 접할 수 있는 친숙하고 보편적인 발표방식이 되었다. 이러한 상황은 그만큼 현대 사회가 우리에게 뛰어난 프레젠테이션 능력을 요구하고 있다는 것을 의미한다.

다시 말해 프레젠테이션은 디지털 시대의 새로운 커뮤니케이션 방법으로 현대 사회에서 누구에게나 필요한 필수적인 능력이라 해도 과언이 아니다. 특히 IT 기술의 발전과 글로벌한 경제의 성장으로 기업 간의 경쟁이 치열해지는 요즘, 기업에서 프레젠테이션이 차지하는 위상은 절대적이다. 하루가 다르게 변화하는 고객의 취향과 시장정보를 빠르게 이해하고 습득하기 위해 기업은 프레젠테이션을 통해 새로운 정보나 신기술을 공유한다. 또한 투자 유치나 신제품 설명회, 영업 시장을 확보하기 위한 수주(受注) 경쟁을 할 때에도 프레젠테이션을 통해 거래처나 관계자와의 커뮤니케이션을 한층 강화한다. 그래야만 많은 투자자를 끌어들이고 판매나 영업을 통해 기업이 성장할 수 있기 때문이다. 일례로 우리가 잘 알고 있는 MS사의 빌게이츠 회장이나 애플 컴퓨터의 스티브 잡스 회장은 신제품을 홍보하는 효과를 극대화하기 위해 CEO가 직접 프레젠테이션을 진행하기도 한다. 이러한 추세는 국내 기업에서도 점차 확산되는 분위기이다.

현대 사회에서 프레젠테이션의 위상이 이렇게 급부상한 이유는 바로 프레젠테이션이 지닌 쌍방향적인 커뮤니케이션 방식에 근거한다, 여러 시청각적인 자료를 통해 프레젠테이션은 다른 발표 방식에 비해 청중의 교감을 얻는 데 용이하다. 표, 그래프, 간략한 핵심 문구로 구성된 PT보드는 바쁜 현대인들에게 단시간에 발표자가 전달하고자 하는 메시지를 전달한다. 신속하고 효율적으로 메시지를 전달할 수 있는 프레젠테이션은 여러 시청각적인 디지털 매체가 쏟아지는 이 시대에 발 빠르게 대응한 매우 중요한 커뮤니케이션이라고 볼 수 있다.

프레젠테이션의 종류와 구성요소

① 설득 프레젠테이션

설득 프레젠테이션은 상대방을 설득시켜 어떠한 행동을 취하게 하는 것에 목적을 두는 말하기 방식이다. 상품, 서비스를 고객에게 팔거나 새로운 아이디어, 계획 등에 대한 제안이나 동의를 요구할 때 주로 활용된다.

② 설명(정보)프레젠테이션

상대방에게 정보를 전달해서 이해하게 하는 것을 목적으로 하는 프레젠테이션을 의미한다. 연구 성과, 과제 등의 발표, 방침, 목표, 결정 등을 설명할 때나 학술적 지식이나 기술을 가르칠 때 활용된다. 이밖에도 의견이나 아이디어에 대한 동의를 얻을 때 활용된다.

③ 즐기는 프레젠테이션

멤버십(membership)을 도모하기 위한 프레젠테이션을 의미한다. 참가자들에게 동기 부여하고 참가자 간의 친목을 다질 때 활용되는 프레젠테이션이다.

프레젠테이션의 구성요소

프레젠테이션에서 가장 중요한 것은 메시지와 그 전달방법이다. 메시지 전달은 '기호', 즉 언어(문자와 말)와 그림, 몸짓 언어 같은 비언어적인 형태로 이루어진다. 따라서 프레젠터는 청중의 반응을 '피드백(feedback)'하며 그에 맞추어 메시지를 전달하여야 한다. 이 과정에서 여러 요소가 개입되어, 전달이 잘 안 되는 '잡음'이 발생하기도 한다. 이를 표로 정리하면 다음과 같다.

구성 요소	내 용
프레젠터(presenter)	말하는 사람
메시지(message)	말하는 내용
경로(channal)	전달방법(통로, 매체)
수신자(receiver)	듣는 사람(청중)
잡음(noise)	커뮤니케이션을 방해하는 것
피드백(feedback)	수신자의 반응을 발신자가 파악

상품을 팔 것인가 감동을 팔 것인가

프레젠테이션의 궁극적 목적은 상품이나 기획안을 인상적으로 전달하여 청중을 설득시키는 것이다. 하지만 제품이나 기획에 대한 설명만으로 청중에게 강한 인상을 남기지 못한다. 청중을 사로잡기 위해서는 발표 내용을 지루하게 나열하기보다는 강하게 어필할 수 있는 것들이 필요하다.

청중의 마음을 사로잡을 수 있는 '감동'이 필요한 것이다. 감동은 영화나 드라마, 음악, 문학 등에서만 얻을 수 있는 것이 아니다. 충실한 준비와 철저한 연습을 통해 발표자가 멋지게 소화해낸 프레젠테이션은 한 편의 잊지 못할 연극과 같다. 성공하는 프레젠테이션은 노골적인 상품이나 기획안의 홍보에 머무르지 않는다.

세계적으로 뛰어난 프레젠터로 손꼽히는 스티브 잡스의 프레젠테이션에는 다른 프레젠테이션과 변별되는 특별한 것이 있다.

애플 제품을 홍보하기 위해 그가 가장 주안점을 두는 것은 청중의 감동이다. 청중의 감동을 유도하기 위해 그는 철저한 전략 아래 프레젠테이션을 기획하고 연출한다. 이러한 철저한 준비를 통해 탄생된 스티브 잡스의 프레젠테이션을 들으며 청중은 애플 제품의 매력에 빠져든다. 이처럼 청중의 마음을 움직이는 감동은 프레젠테이션에서 결정적 역할을 하고, 이는 곧 회사의 막대한 이윤창출로 이어진다.

사례 분석 스티브 잡스의 프레젠테이션

① 인상적 화제제시

"Job's started saying …… There is something in the 'air' today. ……The ultrathin MacBook 'Air'Laptop."

'맥북 에어'의 발표회에서 스티브 잡스는 "오늘 공중(air)에 무언가가 있습니다." 라며 말문을 열었다. '공중', 즉 '에어(air)'라는 단어를 서두에 써 곧 소개할 맥북 에어를 미리 소개한 것이다.

② 제품에 대한 열정의 표출

청중의 몰입을 유도하기 위해서는 제품에 대한 발표자의 자부심과 열정을 적극 표출해야 한다.

③ 전체적 틀의 개관

본격 설명에 들어가기 전, 먼저 오늘 무슨 이야기를 할지 청중에게 분명히 전달한다. 예를 들어 "오늘 제가 말씀 드리고 싶은 것은 4가지입니다."라는 식으로 전체 윤곽을 개괄해준다.

스티브 잡스식(式) 프레젠테이션 십계명
① 프레젠테이션의 화제를 제시하라
② 제품에 대한 발표자의 열정을 드러내라
③ 프레젠테이션의 전체적인 윤곽을 제시하라
④ 숫자를 의미 있게 만들라
⑤ 청중이 잊지 못할 순간을 만들라
⑥ 시각적인 슬라이드를 만들라
⑦ 멀티미디어를 활용해 '쇼'를 제공하라
⑧ 작은 실수에 어리둥절해하지 말라
⑨ 제품의 이점을 확실히 홍보하라
⑩ 연습하고 연습하고 또 연습하라

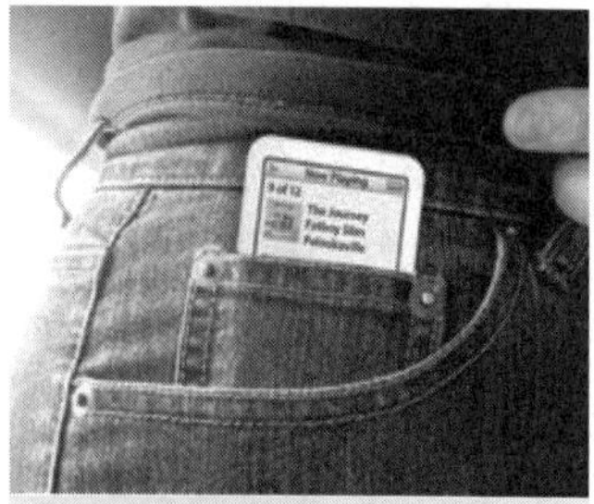

'잡스'식 프레젠테이션
메시지 전달은 간결하게 하라
전체 정보의 10% 정도만 명확하게
말하고, 추가 정보는 질의응답으로

PT 화면은 최대한 심플하게
잡다한 내용을 다 적기보다
핵심만 선명하게

발표는 극적인 효과를 노려라
작은 크기를 강조하기 위해
'아이팟 나노'를 청바지에서 꺼낸 사례

④ 숫자에 대한 의미부여

스티브 잡스는 아이폰 출시 이후 400만 개가 팔렸다는 이야기를 하며, "하루 평균 2만 개 꼴"이라고 덧붙였다. "400만 개"라는 숫자는 보통 사람들에게 쉽게 다가오지 않는 숫자이기 때문이다.

⑤ 잊지 못할 순간의 연출

스티브 잡스는 세상에서 가장 얇은 노트북을 소개하기 위해 들고 있던 서류봉투에서 맥북 에어를 천천히 꺼냈다. 이런 연출된 퍼포먼스 때문에 굳이 그는 "서류보다 얇은 노트북"이라는 설명을 할 필요가 없었다.

⑥ 시각자료의 극대화

PT보드는 한 눈에 이해하기 쉽도록 문자를 극소화하고 데이터, 차트, 이미지 등으로 구성한다.

⑦ 쇼의 연출

스티브 잡스의 프레젠테이션은 영상과 모의 테스트 등을 곁들여 마치 쇼를 보는 듯한 착각을 불러일으킨다.

⑧ 작은 실수는 잊기

실수를 했을 경우 당황하지 말고 여유 있게 웃으면서 농담으로 넘겨야 한다.

⑨ 장점을 팔기

스티브 잡스는 제품이나 서비스의 장점을 잘 전달한다.

⑩ 리허설, 리허설, 또 리허설

연습은 프레젠테이션을 성공적으로 이끄는 지름길이다. 스티브 잡스의 프레젠테이션은 끊임없는 연습에 바탕을 둔다.

목소리와 제스처, 들리고 보이는 당신의 모든 것을 도구로 삼아라

청중을 배려하는 아름다운 멜로디의 목소리를!

발표자의 목소리는 프레젠테이션의 성패를 좌우하는 중요한 요소 중 하나이다. 목소리는 청중에게 발표 내용을 효과적으로 전달하는 데 기여한다. 목소리의 크기, 고저, 장단에 따라 프레젠테이션에 대한 청중의 반응이 달라지기 때문이다. 아무리 내용과 구성이 뛰어나도 목소리의 변화 없이 읽기만 하는 프레젠테이션은 청중을 지루하게 만든다. 전달하고자 하는 내용과 전략에 따라 보이스 컬러(voice color)를 달리할 필요가 있다. 이를 잘 활용한다면 청중과 잘 소통하는 매력적인 발표를 할 수 있다.

전략적인 보이스 칼라의 사용법

① 아나운서가 뉴스를 진행할 때 말하는 음의 높이는 파, 솔이다.

파, 솔 정도의 약간 높은 목소리의 음계가 활력적인 프레젠테이션을 이끌 수 있다.

② 중요한 내용은 악센트를 높여 천천히 말하라. 악센트가 높아지면 청중의 집중도가 높아진다.

③ 상황에 따라 목소리의 완급을 조절하라. 청중의 분위기가 처질 때는 좀 더 빠르게, 중요한 부분일 때는 조금 천천히 말하면 청중들의 청취도가 높아진다.

④ 청중의 이해를 돕고 내용의 앞뒤를 명확히 구분할 수 있도록 말과 말 사이의 공백을 활용하라. 이 시간 동안 발표자는 청중의 집중도와 이해도를 파악할 수 있으며, 청중은 '다음 말은 무엇일까'라는 호기심이 생긴다.

전달강도 99.9% 프레젠테이션 말하기 노하우

① 정확하고 분명하게 마무리하여 문장의 종결을 정확하게 알려라. 분명한 발음과 정확한 문장 표현은 프레젠테이션의 전달력을 높이고 청중에게 안정감과 신뢰감을 준다.

② 허사(虛辭)나 비표준어는 피해라.
불필요한 허사("음", "아시다시피", "예" 등)나 비표준어, 구어적 말투, 사투리의 사용은 전달력을 약화시키고 청중의 신뢰감을 떨어뜨린다.

Tip

청중이 부담을 느끼는 목소리의 사례

· 쉰 소리나 목이 잠긴 소리
· 지나치게 큰 목소리나 작은 목소리
· 발음이 부정확한 목소리
· 강약이나 리듬감이 없는 목소리
· 차갑고 날카로운 목소리

몸짓언어, 비쥬얼한 당신의 모든 것을 적극적으로 활용하라

미국의 심리학자 앨버트 메라비안 교수는 언어적 요소인 말보다는 비언어적 요소들이 커뮤니케이션에서 훨씬 중요한 요소라는 점을 발표한 바 있다. 그는 커뮤니케이션에서 내용을 전달하는 말의 비율은 7%에 불과하며, 말하는 방법(목소리의 어조, 높낮이, 음색 등)이 38%, 보디랭귀지(태도, 자세, 몸짓, 손짓, 외양, 시선, 복장 등)가 55%를 차지한다고 보았다. 앨버트의 연구 결과는 효율적인 프레젠테이션을 위해서는 발표자가 이러한 비언어적 요소를 함께 고려해야 한다는 것을 강력하게 시사한다.

청중은 귀로 들으면서 발표자의 모든 것을 관찰한다. 따라서 몸짓언어를 적절히 연출하면 프레젠테이션의 효과를 배가시킬 수 있다. 프레젠테이션을 할 때는 다음의 사항에 염두를 주자.

• 표정

발표자의 표정은 프레젠테이션에 대한 청중의 첫인상을 결정한다. 미소를 띤 밝은 표정은 청중에게서 호감을 일으킨다.

• 제스처

제스처의 사용은 청중의 시선을 집중시킨다. 발표자는 다양한 제스처를 통해 다소 지루할 수 있는 프레젠테이션에 활력을 줄 수 있다. 예를 들어 동의를 구하는 제스처, 강력히 어필하는 제스처 등은 청중의 눈과 귀를 집중하게 만든다.

• 아이콘택트와 시선의 분산

청중 한 사람 한 사람과 눈을 마주치면서 얘기할 때 청중은 보다 흥미를 가지고 열심히 들을 수 있다. 발표자는 역시 청중과 눈빛을 교환하면서 청중의 반응을 살필 수 있고 동의를 구할 수 있다.

• 복장

청중의 호감을 얻기 위해서는 발표자의 복장도 중요하다. 복장을 선택할 때는 청중과 발표장의 성격을 고려해야 한다. 각종 회의나 심포지엄 발표 등 공식적인 석상에서는 깔끔한 정장이 청중에게 신뢰감을 준다. 하지만 때로는 예상되는 청중에 따른 파격적 의상이 적합한 경우도 있다. 스티븐 잡스는 운동화와 청바지 차림으로 수많은 프레젠테이션을 진행하였다. 이는 그 개인의 취향이라기보다는, 애플 제품들이 젊은 이미지와 새것에 민감하며 그 구매에 앞장설 젊은 세대, 양자를 겨냥하여 연출한 사례일 것이다.

이밖에도 발표자는 프레젠테이션에서 자신의 모든 것을 적극적으로 활용하고 발산해야 한다. 한 편의 멋진 프레젠테이션은 발표자의 치밀한 전략과 정성어린 노력으로 만들어진다는 것을 잊지 말자.

PT 보드 작성 포인트

PT 보드의 구성 및 설계

서론 (PT보드 1~3장) ⇨ 개괄적 내용 소개 및 주제 제시

본론 (PT보드 3~14장) ⇨ 핵심 내용의 상세한 소개 및 설명

결론 (PT보드 15~16장) ⇨ 핵심 내용의 요약정리 및 마무리

① 한 장의 슬라이드에는 한 개의 내용만을 구성한다. 여러 내용이 복잡하게 구성되어 있으면 전달력이 떨어진다.

② 서술문보다는 요약어구로 내용을 정리한다. 간결한 핵심 문구와 인상적인 제목으로 내용을 전달해야 한다.

③ 도표나 그래프 등 시각 자료를 활용한다. 이러한 자료들은 제품이나 기획안의 특징을 한눈에 파악할 수 있게 만든다. 예) 타사 제품과의 성능비교, 최근 시장의 자사 제품 성장률

④ 단순하고 편안한 색감의 배경화면을 선택한다. 색감이 너무 강하거나 무늬가 산만하면 청중의 집중력이 약화된다.

⑤ 지나친 애니메이션 효과는 오히려 역효과를 일으킨다. 파워포인트는 프레젠테이션을 도와야지 혼란을 일으켜서는 안 된다. 〈닦아내기〉, 〈날아오기〉 등의 최대한 단순한 애니메이션을 활용하자.

⑥ 오자, 탈자가 없는지 철저히 확인한다. 퇴고가 되지 않은 슬라이드는 청중의 신뢰감을 떨어뜨린다.

PT 보드 학생 발표 사례(부분 인용) 검토 및 평가

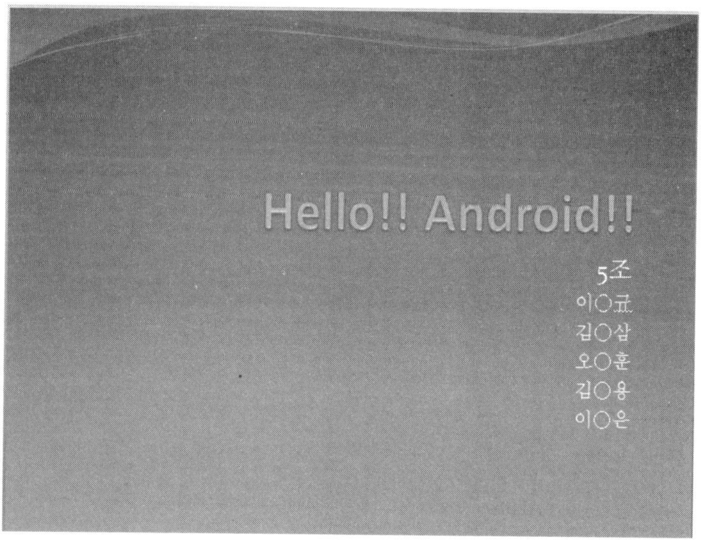

PT 보드(1)

작 품 개 요

- 우리 조가 맡게 된 프로그램은 자바를 기반으로 한 슈팅게임이다. 이미 개발된 슈팅게임은 많지만 우리는 거기서 제일 기본적이고 그로 인해 다양한 응용이 가능한 갤러그를 모태로 코딩하기로 하였고, 기존의 갤러그는 단순히 미사일을 쏘고 적을 죽여 스테이지를 깨기만 했다면 우리 조는 여기에 그래픽 추가, **item shop**, 보스 몹 추가 등 여러가지 기능을 추가하는데 목적을 뒀다. 원래대로라면 여기에 안드로이드에서 구현 시키는 것까지가 최종 목표였지만 목표를 낮춰 일단은 자바를 통해 구현을 시키기로 했다.

PT 보드(2)

화 면 디 자 인

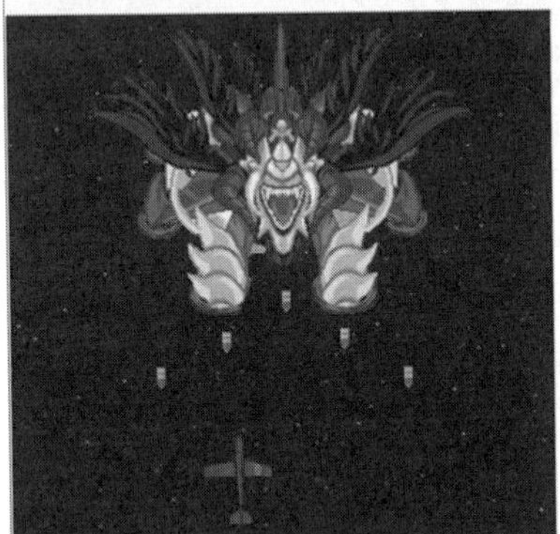

←이 화면은 보스가 공격하는 모습을 찍은 것으로 보스는 여러 개의 공격을 합니다.

PT 보드(3)

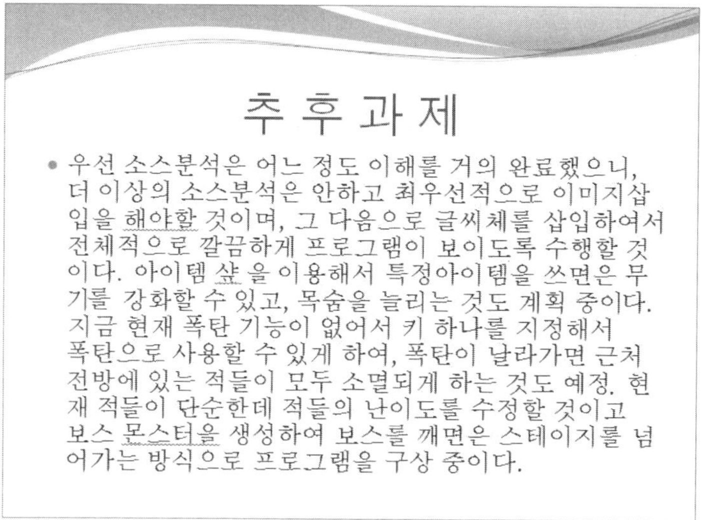

PT 보드(4)

1. PT 보드(1)은 안정된 색감의 배경화면으로 청중의 이목을 끈다. 쉽고 재미있게 프레젠데이션의 내용을 함축한 표제도 인상적이다. 하지만 프레젠테이션의 궁극적 주제를 고려하여, 〈슈팅 게임〉이라는 표제가 함께 제시될 필요가 있다.
2. PT 보드(2)는 슈팅 게임의 개요를 설명하고 있다. 제목을 〈자바를 활용한 슈팅 게임의 개요〉라고 했다면 좀 더 주제가 명백하게 전달되었을 것이다. 무엇보다 이 PT 보드의 가장 큰 문제점은 작품의 개요를 장황하게 서술하고 있다는 점이다. 전달력이 높은 PT 보드로 수정되기 위해서는 중요한 핵심어를 토대로 카테고리를 설정하고, 이에 따라 발표 조의 슈팅 게임의 특징을 간결하고 요약적으로

제시해야 한다. 〈추후과제〉를 제시한 PT보드(4) 역시 동일한 문제점이 발견된다.

3. PT 보드(3)은 게임 화면을 직접 보여 주는 부분이다. 이 보드에서는 좀 더 비주얼하게 화면을 크게 삽입할 필요가 있다. 이와 더불어 화면을 설명하는 문구는 하단에 배치할 때 화면 구성의 시각적 효율성을 높일 수 있다.

프레젠테이션,
이렇게 하면 성공한다

단계별 프레젠테이션 실전 노하우

① 프레젠테이션 준비단계

미리 발표장에 가서 프레젠테이션 프로그램을 설치하고 제대로 작동되는지 점검한다. 프로그램의 사용 환경이 달라 설치가 되지 않거나 중간에 파일이 손상될 위험성이 있기 때문이다. 프로그램을 설치하고 시간에 여유가 있다면 예행연습을 한 번 해보는 것도 좋다.

② 프레젠테이션 실행

• 서론

발표주제와 관련해 청중의 관심을 집중시킬 수 있는 스토리를 만들어 접근하라. 핵심주제의 도입을 원활하게 해 줄 이야깃거리와 인물을 내세우면 자연스럽게 청중의 관심을 유도할 수 있다.

• 본론

강하면서도 쉬운 핵심 문구로 정리된 PT보드를 중심으로 이를 상세하게 설명하라. 특히 본론에서는 청중과의 피드백이 중요하다. 수시로 청중의 반응을 체크하면서 청중이 지루해하는 분위기라면 중간 중간 프레젠테이션과 관련된 간단한 농담을 하거나, 분위기를 전환하는 영상 자료 등을 트는 유연성이 필요하다. 이밖에도 청중을 중심으로 한 화법 사용도 청중과의 교감을 높일 수 있다.

• 결론

주요 내용을 요약하며, 설명한 핵심 내용들이 서로 어떻게 연관되는지, 전체 주제와는 어떻게 연관되는지를 보여 주라. 강한 클로징을 하기 위해서 전체의 핵심 성격을 일깨워 주는 감정적인 호소도 포함될 수 있다.

③ 질문 및 답변

장황한 답변은 전달력이 약하다. 최대한 핵심만을 추려서 간결하게 대답하라. 혹시 모르는 문제에 대한 질문이라도 당황하지 말고 정상어조로 "죄송합니다. 지금 이 자리에서는 답변할 수 없는 질문이네요. 자세히 다시 알아보고 개인적으로 꼭 알려 드리겠습니다" 등을 말하며 능숙하게 대처하라. 물론 추후에 책임지고 그 질문에 대한 답변은 꼭 마무리해야 한다.

SOS! 프레젠테이션 위급상황 대처 테크닉

① 많은 청중 때문에 긴장감이 들 때는 깊게 숨을 들이쉬고 연단 아래에 있는 청중의 눈을 편안하게 바라보라.

② 말하고자 하는 내용을 잊어버렸거나 말문이 막혔을 때는 바로 직전에 한 말을 간략하게 정리하면서 자연스럽게 연결되는 말을 이어가라. 또는 청중의 시선을 PT 보드 화면으로 유도하여 시선을 분산시켜라.

③ 청중이 지루해하거나 심리적인 불안감이 높아져 말하기가 어려워지면 영상자료를 활용하라. 청중이 영상자료를 보는 동안 발표자는 시간을 벌 수 있다. 이 시간 동안 마음을 가다듬고 이어나갈 내용을 구성하라.

④ 청중에게 발표자가 긴장하고 있다는 것을 솔직하게 고백할 수도 있다. 격려의 박수를 받을 수 있다.

⑤ 어둠을 활용하여 안정적인 프레젠테이션 환경을 조성할 수도 있다. 프레젠테이션에 대한 두려움과 공포증이 있다면 심리적으로 안정을 얻을 수 있는 환경을 만들다. 그 중 한 방법은 청중 쪽의 조명을 끄거나 약하게 하고 프레젠테이션 화면의 조명만을 활용하는 것이다. 어둠 속에서 발표자는 한층 불안감을 덜 수 있다. 한편, 어둠을 활용한 프레젠테이션은 청중의 시선을 발표자에게 집중시키는 효과도 거둘 수 있다. 청중은 상대적으로 조명이 밝은 발표자와 프레젠테이션 자료 화면에 시선이 자연스럽게 가기 때문이다.

Tip

1. 실패를 부르는 발표자의 특징

· 능력 혹은 시간 부족 등 변명을 늘어놓는다.
· 말하고자 하는 의도와 청중의 요구가 다르다.
· 메시지가 진부하고 새로운 것이 없다
· 주장하고자 하는 바가 명확하지 않다.
· 내용 전개가 논리적이지 못하고 횡설수설한다.
· 음성의 변화가 없이 단조롭게 말한다.
· 시각자료가 산만하고 복잡하다.

(민영욱, 송승철 공저, 『디지털 스피치시대의 유쾌한 프레젠테이션』, 북포스 참고)

Tip

2. 청중을 불쾌하게 만드는 프레젠테이션 사례

1) 제시간에 프레젠테이션이 시작되지 않았다.
2) 프레젠터(발표자)가 직접 나타나지 않고 다른 사람이 대독했다.
3) 프레젠터가 횡설수설하여 무슨 말을 하는지 모르겠다.

4) 프레젠터가 청중을 무시하는 어투로 말했다.
5) 프레젠테이션의 내용이 부정확했다.
6) 프레젠터가 문제에 선입관을 가지고 내용을 전개했다.
7) 프레젠터가 사소한 문제에 시간을 많이 낭비하여 정작 핵심적인 문제를 깊게 다루지 못했다.
8) 프레젠터가 성의가 없이 서둘러 프레젠테이션을 마쳤다.
9) 예정된 시간에 프레젠테이션을 마치지 못했다.
10) 프레젠터가 발표 내용에 자신감이 없어 보였다.
11) 프레젠테이션 제목과 내용이 일치하지 않았다.
12) 내(청중)가 왜? 프레젠테이션을 들어야하는지 의문이 들게 하였다.
13) 프레젠터가 그 분야의 전문인이 아니었다.
14) 시각 자료가 복잡하고 혼란스러웠다.
15) 시각 자료가 화려한 디자인만 강조되어 있었다.
16) 필요 없는 애니메이션을 많이 사용하고 있었다.
17) 시각 자료가 짜깁기를 한 듯한 느낌을 받았다.
18) 시각 자료에 오타가 발견되었다.
19) 제시하고자 했던 자료가 기술적인 접근이 부자연스러웠다.
20) 프레젠터의 복장이 상황에 어울리지 않았다.
21) 주최 측의 무성의로 원만한 진행이 되지 못했다.
22) 프레젠터가 청중의 질문에 무척 당혹스러워했다.
23) 프레젠터가 청중에게 질문할 시간을 주지 않았다.
24) 프레젠터가 자기자랑이 너무 지나쳤다.
25) 프레젠터가 자꾸만 시간이 부족하다는 말을 강조했다.
26) 프레젠터가 자기 실수에 대해 죄송하다는 말을 반복했다.
27) 프레젠터가 양해도 없이 예정된 시간을 많이 초과했다.
28) 프레젠터가 스크린만 집중하여 혼자 설명했다.
29) 프레젠터가 프레젠테이션 기기 조작이 서툴렀다.
30) 여기 저기 졸고 있는 청중이 많지만 프레젠터는 개의치 않고 준비한 원고만 읽고 있었다.

(한정선, 『프레젠테이션, 오! 프레젠테이션』, 김영사 참고)

〈연습과제〉

1. 스티브 잡스의 프레젠테이션을 감상해보고, 어떤 부분이 인상적이었는지를 말해보자.

2. 자기를 PR 하는 프레젠테이션을 준비하고, 친구들 앞에서 이를 발표해보자.

3. 자신의 학과와 관련된 상품이나 아이디어를 소개하는 프레젠테이션을 계획하여 발표해보자.

4. 여러 친구의 발표를 듣고 가장 잘한 프레젠테이션을 선정하여, 그 이유에 대해 토의해보자.

제 V 장

면접

면접은 당신을 보여주고 들려주는 일이다

자신의 '음성언어'로 준비하고 말한다

자기소개에는 드라마가 있어야 한다

구체적인 성취로 자신을 드러내라

미리 해당 산업과 기업의 정보를 파악하라

면접관 앞에서

첫인상에서 기본을 확보하자

다양한 질문들을 미리 중얼거려보자

면접은 당신을 보여주고 들려주는 일이다

바야흐로 현대는 스펙의 시대다. 모든 구직자들은 취업하기 위해서 토플이며 토익, 외국어 구사 능력, 관련 직종에 필요한 자격증, 여러 기업에서의 인턴십 등을 갖추느라 대학생활의 절반 이상을 할애하고 있다. 취업에서 다양한 스펙은 충분조건이 아니라 필요조건이 되어 버린 것이다. 그러나 그 화려한 스펙에도 불구하고 당신은 번번이 취업에서 실패하기 쉽다. 면접 때문이기도 하다.

취업 전형에서 면접이 가장 중요하다고 할 수 없지만, 개인의 모든 면모가 한꺼번에 드러나기에 그 중요도가 높다고 하지 않을 수 없다. 하지만 면접도 이미 매뉴얼이 있어 누구나 그 대비를 쉽게 할 수 있다고 생각한다. 미리 연습만 하면 심사위원들 앞에서 단정한 자세로 분명하게 입사 동기와 업무지식을 말할 수 있을 것으로 자신을 위로하거나 격려한다. 그러나 면접에서 실패하기 쉽다. 어떻게 해야 할 것인가?

당신이 놓친 것은 무엇일까. 바로 충분조건이 필요하다. 면접매뉴얼, 이것에 하나 더 추가되어야 하는 것이 있다. 누구나 할 수 있는 것 외에 바로 당신만의 것, 당신만이 할 수 있는 것이 필요하다. 그것은 당신을 보여주고 들려주는 일이다. 당신을 보여주고 들려주는 기술, 그것이 바로 면접의 기본이다. 면접훈련은 여기서부터 시작하여야 한다.

면접을 잘 준비하면 아래와 같은 영향을 면접관에게 준다.

- 내용과 표정, 뉘앙스, 그리고 설득력에서 전반적으로 진솔함을 느끼게 한다.
- 지난 노력이 간결하게 요약되어 일정한 방향성을 느낄 수 있게 한다.
- 표현력에서 입에 익지 않은 부분이 적고, 되도록 자기 자신의 지적, 정서적 범주 안에서 구사되는 느낌을 준다.
- 자연스러움이 녹아 있기 때문에 다소 막히는 부분이 있어도 긍정하게 된다.
- 작위적인 내용이나 거짓 정보가 없는 듯해 지원자의 솔직한 자신감을 느끼게 한다.
- 지원자의 동작과 언어 구사가 정확하다고 여기며 대화체의 표현방식에서 친근감을 느낀다.
- 답변이 중간에 끊어지거나 논리가 헝클어져도 지나치게 평가 절하하지 않는다.

하지만 기존 매뉴얼대로만 외워 답변하면 아래와 같은 인상을 준다.

- 다소 작위적이고 부자연스러운 흐름이라고 느낀다.
- 방향성이 없고 일정한 시기에만 집중되며 과장한다고 느낀다.
- 개인의 지적인 능력의 범위를 벗어났으며 실제 경험에서 우러나지 않은 조제된 어구와 말투를 느낀다.
- 거짓 정보를 지속적으로 전달하는 맥락을 유지한다고 느낀다.
- 입으로 하는 말과 신체 언어가 맞지 않아 어색하게 느낀다.
- 관련 질문에 답변하는 지원자에게서 지원자가 당황하고 불안해한다고 느낀다.

(정희석, 『인사부장이 알려주는 인터뷰 시크릿』)

자신의 '음성언어'로 준비하고 말한다

다시 말해 당신은 아마도 지원 동기나 자기소개를 언급할 때 어떻게 해야 한다는 매뉴얼을 갖고 있을 것이다. "제가 이 회사에 입사하게 된 동기는"으로 시작되어, "오래전부터 이 회사의 명성을 익히 듣고 꾸준히 관심을 둬 왔으며"로 진행되고, 마지막에는 "저를 선택하신다면 이 회사에 도움이 될 것이라고 생각합니다"로 끝나는 그 지루하고 따분하며, 어디서 베낀 것 같아, 그러면 그렇지란 반응을 유발하는 바로 그 매뉴얼 말이다.

매뉴얼 자체가 문제가 아니다. 그것은 너무도 정석이지만 너무 오래 써먹었다. 당신이 면접관이라고 생각해 보자. 아마 당신은 지원자의 그런 말을 듣고 나서 이렇게 말하고 싶어질지도 모른다. 드라마 시크릿 가든의 김주원처럼 말이다. "그게 최선입니까? 확실해요? 다른 회사를 알아보셔야겠군요".

당신은 이러한 매뉴얼로 시작하는 것이 싫증이 나 다른 방법을 쓰기도 했다. 앞머리에서 영화 대사나 멋들어진 경구를 인용하면서 시작하는 것이다. 다시 당신이 면접관이라고 생각해보자. 어찌 보면 신선하지만 황당하다. 지원 동기와 영화대사나 경구를 억지로 연결하느라 정작 중요한 지원 동기는 묻혀버렸다. 기억나는 것은 바로 그 신선한 영화대사뿐이다. 회사는 일을 잘할 수 있는 사람을 선택하려 하지, 그럴듯한 말을 늘어놓는 사람을 선택하려는 것이 아니다. 면접관도 영화 볼 만큼 봤고, 경구 알 만큼 안다. 이것도 싫증이 난 것이다.

자 리허설부터 다시 시작해 보자. 당신은 면접을 위해서 여러 차례 모의 훈련을 할 것이다. 여기저기서 바람직하다고 생각되는 기본 틀에 자신의 아이디어를 녹여서 작성한 후에 그것을 여러 번 읽고 또 읽어서 술술 자연스럽게 말하려고 노력했을 것이다. 바로 그게 문제다. 중복되지만 당신의 훈련과정을 다시 한 번 되짚어 보자. 우선 당신은 면접을 다룬 몇 권의 책을 집중적으로 읽는다. 또 인터넷에서 이런저런 사이트에 가입해서 실전 면접 기술에 대한 도움을 받는다. 그 후에 책에서 가장 좋다고 생각되는 형식을 옮겨놓고, 인터넷에서 괜찮다고 추천되는 형식을 내려 받는다. 그다음 그 문장들을 자신의 동기에 맞도록 단어와 문장을 패러디하듯 채워넣는다. 어느 정도 만족할 만하다 싶으면, 그것을 외우기 시작하고 자연스럽게 말할 수 있도록 여러 번 읽는다. 그리고 면접관 앞에 설 것이다. 그리고 결과는 위와 같을 것이다.

되짚어 보자. 뭔가 문제가 있다는 생각이 드는가. 일단 그런 생각이라도 들었다면 성공이다. 들지 않았다면? 그래도 괜찮다. 지금부터 대비하면 된다.

문제는 바로 순서다. 면접은 자기소개서를 써서 제출하는 것과는 다르다. 즉, 면접은 말하기이지 쓰기가 아니라는 것이다. 글로 쓰는 것과 말로 하는 것은 적어도 한강 길이만큼의 차이가 있다. 먼저 써놓고 그것을 읽었던 당신의 모의 훈련 자체부터가 근본적으로 잘못되어 있었던 것이다.

그럼 어떻게 해야 할까. 우선 말을 잘한다는 것을 생각해 보자. '청산유수(青山流水)처럼'이라는 비유를 떠올리자. 그것은 '자연스럽다'는 것이다. 즉 억지처럼 들리지 않는다는 것이다. 그러기 위해서 당신이 해야 하는 첫 번째 일은 과감하게 기존 매뉴얼을 버리고 녹음기를 준비하는 것이다. 매뉴얼은 모두 잊어버려라. 그리고 우선 되는 대로, 입에서 나오는 대로 말해 보아라. 아마 처음엔 솔직한 말부터 나올지도 모른다. "이 회사에 지원하게 된 동기는 어쨌든 취직은 해야 해서 찾아봤는데 조건이 맞는 회사가 여기이기 때문에 운운" 하는 정말 솔직한 이야기 말이다. 웃음이 나오겠지만 거기서 멈추지 말고, 계속 말해 나가라. 그러다 보면 자신도 모르게 진정성 있고 자연스러운 지원 동기가 당신의 입에서 흘러나올 것이다. 바로 그때 들고 있던 녹음기의 녹음 버튼을 눌러라. 몇 번이고 되풀이한 뒤에 녹음한 내용을 다시 들으면서 새로운 원고를 작성하는 것이다. 그럴 때라야 면접관 앞에서 이야기할 때, 머뭇거리거나 멈칫하지 않고 자연스럽게 이야기할 수 있을 것이다.

자기소개에는 드라마가 있어야 한다

흔히 사람의 첫인상은 3초 내에 결정된다고 한다. 그 3초를 지배하는 요인은 여러 가지가 있을 것이다. 지원자의 인상, 복장, 자세 등이다. 하지만 문제는 그 3초 이후다.

우선 숙지해야 할 것은 당신은 완벽한 인간이 아니라는 사실을 받아들여야 한다. 사람들은 자신이 완벽하길 바라고, 첫인상에서 타인에게 긍정적인 호감을 이끌어 내기를 바라지만 대부분은 실패한다. 이유는 무엇일까. 간단하다. 자신에 대한 기대치를 너무 높게 가지고 있기 때문이다. 면접장은 살벌한 곳이다. 화기애애한 면접이 1%라면, 99%의 면접은 무표정이나 딱딱한 얼굴로 당신을 바라보는 면접관들이 앉아 있는 곳이다. 정우성이나 김태희가 아닌 이상 3초 내에 면접관들의 눈동자와 표정을 달라지게 할 수는 없다. 불행하게도 우리는 모두 정우성이나 김태희가 아니다. 그러므로 3초 이후부터 실제로 면접관들은 당신을 파악하기 시작한다. 그 첫 번째가 바로 자기소개다. 자기소개에서 성공한다면 이후부터는 조금 편안하게 당신의 특기와 적성을 어필할 수가 있는 것이다.

그렇다면 어떻게 해야 할까. 앞에서 말했던 것처럼 새롭지 못한 자기소개는 잊어야 한다. 중요한 것은 면접관들에게 "어! 이 사람 첫인상과는 다른 면이 있군", "생긴 것과는 다른 면이 있어"라는 인상을 불러일으켜야 한다는 것이다. 그러기 위해서는 극적인 자기소개가 필요하다. 당신이 어느 학교를 졸업했으며, 어떤 학위를 가지고 있고, 어떤 자격증을 가졌는지 등의 사실을 죽 나열하는 자기소개는 아무런 효과가 없다. 그것은 이미 면접관이 들고 있는 「이력서」와 「자기소개서」에 다 기재되어 있다. 그 모두를 말하려고 할 필요가 없다.

우선 「이력서」와 「자기소개서」에 있는 사항 중에서 당신이 가장 자신있게 말할 수 있는 한 가지를 선택하라. '구체적인 경험'이 들어 있어서 당신이 가장 자연스럽게 이야기할 수 있는 것이면 좋다. 또한 어려운 상황을 극복했던 경험이면 더욱 좋다. 그래서 당신이 어떻게 그 어려운 상황을 극복하고 그것을 성취해냈는지를 설명하고, 해당 기업에서도 마찬가지로 동일한 성과를 낼 수 있는 인간형임을 제시해야 한다.

구체적 성취로 자신을 드러내라

그렇다면 우선 지루하고 뻔한 자기소개의 예를 보도록 하자.

저는 ○○에서 태어나 10살이 될 때까지 그곳에서 살았습니다. 그 후 부모님의 이직에 따라 현재 사는 ○○에 이주하여 대학을 졸업할 때까지 부모님과 함께 살았습니다. ○○대학에 입학하여 그곳에서 경제학을 전공하였습니다. 제가 경제학을 전공한 이유는 어릴 때부터 관심을 두고 있던 분야이고 ○○분야에서 성공적인 기업인이 되는 데 필요하다고 생각했기 때문입니다. 대학생활 동안 저는 외국어에 관심이 있어서 영어와 불어를 능통하게 구사하는 능력을 갖추었고, 그 외에 ○○분야에 필요한 자격증을 취득하였습니다. 제 장점은 능동적이고 적극적인 마인드로 주어진 일에는 언제나 열정적으로 임한다는 것입니다. 제 장점과 능력을 살려 이 회사에서 꼭 필요한 인재로 성장해 나가고 싶습니다.

이러한 자기소개가 반드시 최악이라고 할 수는 없다. 하지만 단지 출생과 경력을 나열하는 것은 면접관에게 시시콜콜한 이야기로 시작해서 시시콜콜한 이야기로 끝나버리는 다른 구직자들과 같은 인상 외에는 줄 수 있는 것이 없다. 무엇보다도 당신의 강점과 매력을 드러낼 수 있는 이야기로 시작해 나가야 한다. 위의 답변에서 당신은 당신에 대해서 이야기하고 있지만, 역설적이게도 바로 당신이 드러나 있지 않은 것이다. '당신'을 드러내기 위해서는 아래와 같이 수정되어야 한다.

저는 새로운 아이디어에 대한 열정을 가지고 있습니다. 맡은 일에 대해서는 언제나 탁월한 성과를 이루고자 하는 열망으로 가득 찬 목표 지향적인 사람입니다. 저는 여러 가지 사례들을 통해 그것을 증명할 수 있습니다. 대학생활 내내 어려운 전공과목에서도 A 플러스 성적을 거두었고, ○○공모에서 우수상을 받기도 했습니다. 특히 ○○공모는 개인이 아닌 팀별 공모여서, 성과를 내기 위해서는 개인의 능력과 함께 팀의 화합 또한 중요한 일이었습니다. 저는 그 팀의 리더를 맡아, 팀원들을 화합시켜 팀의 능력을 최대한 발휘할 수 있도록 노력했습니다. 저는 수직적 사고가 아닌 수평적 사고로 자주 팀원들과의 대화를 통해 문제점을 파악하고 해결하였습니다. 또 대학생활과는 다른 사회생활을 미리 경험하기 위해서 ○○기업에 인턴십으로 근무하며 회사에서 요구하는 친화력과 협력이 어떤 것인지를 몸소 체득할 수 있었습니다. 그것은 바로 상대의 인격을 존중하며 상대의 업무를 제 업무의 동기나 목적으로 삼아 제 일을 조정하는 것이었습니다. 그 결과 '우수 인턴상'을 받기도 했습니다. 저는 ○○자격증뿐만 아니라 이 회사가 업무 추진에서 필요한 ○○를 다루는 실무능력도 가지고 있습니다. 저는 이 회사와 저를 위해 지원하며, 이 지원이 바른 판단이라고 확신합니다.

지루하고 뻔한 자기소개와 수정된 자기소개의 차이점이 무엇이라고 생각하는가. 바로 '드라마'의 존재 여부이다. 드라마라고 해서 눈물 짜는 인생의 드라마라고 생각할 필요는 없다. 어떤 구체적인 성취나 진전의 경험이 바로 드라마이다. 위에서는 우선 자신의 자세와 그 장점을 강하게 드러내고 있다. 그리고 구체적인 사례를 들어서 그 장점이 어떻게 진행되었는지를 보여주고 있다. 이 지원자는 열정, 목표지향적, 수평적 사고 등과 같은 단어를 효과 있게 사용하며 면접관의 뇌리에 자신의 특성을 심어주고 있는 것이다.

그리고 제공된 예시는 지원자가 팀원들과 활발하게 일하는 모습, 대화하는 모습, 인턴십을 겪는 모습을 면접관에게 이미지화하여 떠올릴 수 있도록 해 주고 있다. 명심하자. 면접관에게도 대학생활이 있었고, 공모전이 있었고, 동아리 활동이 있었다는 것을. 즉 면접관에게 공감대를 불러일으킬 수 있는 자기소개가 필요한 것이다.

이 훈련 또한 앞 절에서 말한 바와 마찬가지로, 기록해서 연습하기보다는, 먼저 녹음하거나 녹화해서 연습한 후에 기록하여 정리하는 것이 좋다.

미리 해당 산업과 기업의 정보를 파악하라

한 구직 전문업체가 지난 1년간 면접에서 지원자가 받은 질문 2,281건을 질문 유형별로 정리해 본 결과, 가장 많았던 질문 유형은 '자기소개/pr'(366건, 16%)에 관한 것으로 조사되었다. 그 뒤를 이은 질문 유형은 '직무/능력'(298건, 13.1%), '경력/경험'(174건, 7.6%), '전공/지식'(161건, 7.1%), '지원 동기'(155건, 6.8%) 등이었다. 또 '회사 또는 직무에 대한 관심/열정'(143건, 6.3%), '포부/각오'(142건, 6.2%), '적성'(124건, 5.4%), '태도/자세'(119건, 5.2%) 등 지원자의 인성이나 자세에 관한 질문도 높은 비중을 차지하고 있었다. 이외에도 '성장/학창시절', '외국어', '연봉 및 근무조건', '팀워크/커뮤니케이션', '시사/경제/정치', '논리력/창의력/도전정신' 등에 관한 다양한 질문이 면접 시 나오는 것으로 조사됐다.

신입과 경력 지원자들이 받는 면접 질문 유형에는 큰 차이를 보이지 않았다. 다만, 신입 지원자에게 가장 많이 하는 질문이 '자기소개 및 pr'이었으며 경력지원자에게 가장 많이 하는 질문은 역시 '직무/능력'에 관한 것이었다.

설문조사에서도 말해주듯이 자기소개가 끝나면 일반적으로 지원 동기에 관련한 질문이나 업무 수행능력과 관련된 질문을 받는다. 그 질문들에 적절하게 대답하기 위해서 당신이 해야 할 일은 미리 해당 산업이나 기업에 대한 정보를 정확하게 파악하는 것이다. 디지털 시대인 지금은 과거와 달리 약간의 노력만 기울여도 해당 산업이나 기업에 대한 정보를 쉽게 알 수 있다. 당신은 얼마나 그 기업을 알고 있다는 것을 보여주되 구체적으로 보여주어야 하고, 그 업무를 수행했을 때 어떤 이득이 있을 수 있는지를 제시해야 한다. 그리고 기업이 당신에게 요구하는 것은 기업에 대한 앎의 상태라기보다는 기업의 이익에 대한 기여이기에 이 부분이 더욱 투명하여야 한다.

가령 당신이 ○○화장품 회사에 입사한다고 생각해 보자. 만약 당신이 준비되지 못한 상태라면 다음과 같이 답변하기 쉽다.

"○○화장품은 ○○년도에 창업하여 ○○○○과 같은 정신을 가지고 약 40년 동안 선두를 달려온 회사입니다. 저의 꿈은 화장품업계 최고인 이 회사에서 제가 담당할 분야의 전문가로 인정받아, 회사와 함께 성장 발전해 나가는 것입니다."

너무나 평범한 이야기다. 이래서는 어떤 주의도 끌기가 어렵다. 좀 더 구체적이 되어야 한다.

"○○화장품은 현재 매출 ○○○○을 달성하고 있으며, ○○와 ○○ 분야에까지 진출하여 시장을 확장해 나가고 있습니다. 제가 이 화장품 회사에 지원하게 된 동기는 40년간 선두를 달려온 최고의 기업이기 때문만은 아닙니다. 저희 집은 여자가 많습니다. 그러다 보니 자연스럽게 화장품을 접할 기회가 많았고, 어머니와 누나들에게서 각 회사 제품들에 대한 비교분석을 들을 기회도 많았습니다. 그래서 이 분야에 자연스럽게 관심을 둘 수 있게 해 주었고, 이 분야를 전공하게 되었습니다. ○○화장품의 가장 중요한 특성은 ○○○이 다른 회사 제품들보다 풍부하게 함유되어 있어 피부노화방지에도 좋다는 것입니다. 하지만 ○○○분야에서는 다른 분야에 비해 떨어진다고 생각합니다. 저는 바로 그 점을 개선하는 데 도움이 되고 싶어서 이 기업에 지원하게 되었습니다."

적절한 개인사를 섞어 지원 동기를 구체화했으며, 그 회사의 기본 정보와 문제점을 구체적으로 파악하고 있고, 당신이 어떤 업무에 종사하고 싶은지를 구체적으로 보여주기도 하는 답변이라고 할 수 있다. 이렇게 하기 위해서는 우선 그 화장품산업과 ○○화장품에 대한 구체적인 정보를 파악해야 한다. 그 후에 실제로 현장으로 나가서 자신만의 방법으로 그 산업의 분위기를 구체적으로 파악하는 행동이 중요하다.

면접 준비는 머리로만 하는 것이 아니다. 자신의 전공과 의식이 강의

실과 지식에만 갇혀 있다고 보이도록 하면 안 된다. 산업 현장의 동향을 주시하며 부응하는 노력을 병행해왔다는 사실을 보여주어야만 하는 것이다.

면접관 앞에서

위축되지 마라

면접관 앞에서 모든 면접자가 공통으로 경험하는 것은 위축감이다. 아마 그것은 당신도 마찬가지일 것이다. 다시 한 번 면접장의 분위기를 생각해 보자. 일렬로 늘어선 책상 앞에 서너 명의 면접관이 위압적인 태도로 앉아 있다. 이름이 불려 들어가면 의자가 다섯 개 가량 늘어서 있고, 충분히 단정하고 모범적인 태도의 다른 응시자들이 앉아 있다. 그야말로 「시크릿 가든」의 김주원 사장 같은 인물들 다섯 명이 앞에 있고, 바로 그 김주원 사장 같은 인물들이 면접을 보기 위해서 경쟁자로 앉아 있는 것이다. 면접관들은 당신의 약점을 캐기 위해 당신의 몸 전체를 훑어보는 듯한 인상을 주고, 다른 경쟁자들은 그 앞에서 너무도 당당하게 자신이 준비한 답변을 척척 대답하고 있다. 당신은 그 분위기 속에서 어쩔 줄 몰라 하고 우물쭈물 횡설수설하다가 면접장을 황급히 빠져나오는 상상을 할지 모른다. 결과는 당연히 실패다.

왜 그럴까. 이런 상상 자체가 이미 당신을 실패로 몰아갈 것이다. 부정적인 방향으로 자신을 끌고 가는 생각을 우선 버려야 면접관 앞에 섰을 때 위축되지 않을 수 있게 된다. 회사가 요구하는 것은 일하는 '기계'가 아니라 일하는 '사람'이다. 기계적으로 답변을 잘한다고 해서 반드시 성공할까? 그렇지 않다. 면접관들은 당신의 능력과 성격뿐만 아니라 위기관리 능력까지도 파악하려고 노력한다.

실수했을 때는 한 템포 쉬어라

다시 말해 면접은 기계적인 질문과 기계적인 대답만이 오고 가는 장이 아니다. 위기관리 능력까지도 파악하려고 한다. 연극계에서는 무대에서 연기하는 도중에 대사를 잊어버리거나 소품이 잘못되어 있거나 하는 상황에서 연기자가 어떻게 대처하느냐에 따라 그 배우의 경력을 판단한다. 경력이 짧은 배우는 순식간에 연극을 망쳐 버리지만, 경력이 많은 배우는 그 실수까지도 극의 일부분으로 만들어 버린다.

특히 인성면접의 경우에서 이런 상황이 나타난다. 면접자의 단점을 파고들어 당황하고 주눅이 들게 해서 실수를 유도할 수도 있고, 황당하고 판단하기 어려운 상황을 제기하고 당신이라면 어떻게 할 것인가 하고 대처요령을 묻는 예도 있다. 비록 제대로 대답했다고 해도 더욱 상황을 악화시키는 질문이 이어진다. 면접관들은 하나의 질문만 가진 것이 아니다. 이러면 당신은 더욱 긴장하게 되고 자기통제력을 잃어버리게 된다. 그럴 때는 어떻게 해야 할까. 바로 한 템포 쉬는 것이다. 우선 자세를 바로 한 후, 숨을 고르고, 다시 한 번 처음 면접할 때의 마음으로 돌아가

평정을 유지해야 한다.

황당한 질문에 침착하게 대처하라

면접의 형식이 다양해지면서 압박면접이나 황당 면접을 실시하기도 한다. 대답이 어려운 질문을 던지고 그 상황에서 지원자의 순발력이나 재치, 반응을 보기 위한 것이다. 한 취업회사가 조사한 황당한 질문들은 아래와 같다.

- 전 세계에 있는 피아노 개수는?(LG화재)
- 머리카락 수가 몇 개인가?(우리은행)
- 맨홀의 뚜껑이 원형인 이유는 무엇입니까?(코스코)
- 서울에 바퀴벌레가 몇 마리인가?(롯데백화점)
- 한라산이나 백두산을 옮긴다면 시간과 비용이 얼마나 들겠는가?(SK그룹)
- 아버지와 아들이 같이 차를 타고 가다가 교통사고가 나서 아버지는 즉사하고, 아들은 중상을 입고 병원으로 실려갔다. 그런데 담당의사가 그 아들을 보고 소리쳤다. "아니 얘는 내 아들이 아닌가...!?" 이 경우 의사와 아들의 관계는 무엇인가?

황당하지 않은가. 하지만 재치있게 대답하면 된다. 예를 들어 전 세계에 있는 피아노 개수를 대답하라면, 전 세계에 있는 스키의 개수와 같다고 대답하든가 하면 된다. 머리카락 수가 몇 개인가라는 물음에는 우리 동네에 내리는 눈송이의 개수와 같다고 대답하든가 한다. 설령 대답을 못한다 하더라도 절대 미소와 침착함을 잃지 말자.

첫인상에서 기본을 확보하자

첫인상에는 4가지 요소가 있다고 한다. 단 한 번 보고 결정한다는 것과 그리고 그런 결정이 4~10초 밖에 걸리지 않는다는 것, 또 바라보는 사람의 일방적인 생각이 전부이며, 거기에 상상과 연상이 더해진다는 것이다. 그 때문에 서로 처음 만났을 때 이야기도 나누기 전에 서로 상대의 첫인상을 결정한다. 채용 면접 역시 낯선 사람과의 첫 만남이기에 면접관에게 심는 좋은 첫 느낌이 중요하다.

저마다 태어난 대로라서 외모는 어쩔 수 없다. 하지만 그 이외의 것은 충분한 준비와 연출로 가능하다. 기업은 탤런트를 요구하지 않는다. 기업이 요구하는 것은 밝은 표정, 외견상 건강상태, 품위 있는 자세 등 전체적인 인상을 보고 평가하는 것이다. 아래 제시하는 스타일은 적어도 기본은 얻을 수 있게 해 준다.

남자

헤어스타일 : 자연스럽고 짧은 헤어스타일이 좋다. 당신을 산뜻하면서도 명민하게 보여줄 것이다.

와이셔츠 : 반드시 양복보다 밝은색을 선택하도록 해라. 당신의 인상을 돋보이게 해 줄 것이다.

넥타이 : 무늬가 명확하고 색깔의 대조가 강한 도트 형이나 스트라이프 타이가 좋다. 당신의 인상에 포인트를 준다.

양복 정장 : 감색 계열의 고전적인 양복이 무난하다. 당신에게 신뢰감과 패기를 느끼게 해 줄 것이다.

양말과 구두 : 검은색이나 갈색이 가장 무난하다. 당신의 시선을 위쪽에 집중할 수 있도록 해 준다.

여자

헤어스타일 : 짧은 머리나 뒤로 묶은 긴 머리가 좋다. 당신을 깔끔하고 단정하게 보이게 한다.

메이크업 : 베이지 톤의 화사한 피부 표현, 은은하고 정숙한 갈색이나 베이지의 눈화장이 좋다. 매니큐어를 피하는 것은 상식이다.

블라우스 니트 : 둥근 라운드 넥라인이나 보트 넥라인이 깔끔하다. 당신에게 부드러운 인상을 심어줄 것이다.

정장 : 스커트, 슬랙스 슈트의 정장으로 베이지나 회색의 컬러가 무난하다. 당신을 너무 튀는 사람으로 보이지 않게 해준다.

핸드백, 구두, 스타킹 : 전체적으로 통일된 코디로 조화시켜라. 검정이나 브라운의 색상이 무난하고 구두의 굽은 너무 높지 않은 것이 좋다.

다양한 질문들을 미리 중얼거려보자

면접장에서는 당신이 준비한 질문 말고도 여러 가지 질문이 쏟아져 나온다. 그러므로 평소에 연습해서 어떤 질문이 나와도 흔들리지 않을 수 있도록 대비해 두어야 한다. 기본적인 질문들을 연습하여 어떤 상황이 되더라도 응용하여 발할 수 있도록 하자. 방법은 평소에 중얼거려 보는 것이다. 아래는 자주 출제되는 면접 예상질문 유형들이다. 틈틈이 혼자 중얼거리면서 연습해 두도록 하자. 늘 생각하던 것일 때, 자연스럽게 흘러나올 수 있게 되는 법이다.

① 건전한 가정생활을 해왔는가

- 가족을 소개해 보시오.
- 아버님의 직업은 무엇입니까?
- 귀하가 부모님에게서 가장 크게 영향을 받은 것은 무엇이라고 생각합니까?

② 인간관계가 원만한가

- 대인관계에 대해 자신을 어떻게 생각합니까?
- 사람과 만날 때 무엇이 가장 중요하다고 생각합니까?
- 마음을 줄 수 있는 친구가 몇이나 있습니까?

③ 조직 적응력이 좋은가

- 친구들은 당신의 성격을 어떻다고 이야기합니까?
- '공사(公私) 구별'의 적당한 예를 들어 보세요.
- 어떤 관계가 가장 이상적인 동료관계라고 생각합니까?

④ 적극성/협조성은 어떠한가

- 자신의 단점은 무엇이며, 이를 어떻게 극복해 나가는 편입니까?
- 만약 예상치 못한 야근을 해야 할 처지라면 어떻게 하겠습니까?
- 사람들과 협조하려면 무엇이 가장 중요하다고 생각합니까?

⑤ 이념/목표가 진실한가

- 특별히 우리 회사를 지망하게 된 동기는 무엇입니까?
- 우리 회사에 대해 어느 정도 알고 있습니까?
- 우리 회사 이외의 다른 회사에 지원한 적이 있습니까?

⑥ 학창시절은 어떠했는가

- 학창시절 내내 계속 흥미를 느낀 것이 있습니까?
- 학교에서 동아리 활동은 무엇이었으며, 배운 점이 있다면 어떤 것이었습니까?

- 전공은 적성에 맞았습니까?

⑦ 구체적인 직업관을 가지고 있는가

- 자신의 직업관을 이야기해 보시오.
- 바람직한 직장인상이라면 어떤 것으로 생각합니까?
- 이 직종이 갖는 장/단점은 무엇이라고 생각합니까?
- 업무와 연봉 중 하나만을 기준 삼으라고 한다면?

제 Ⅵ 장

목소리와 전문담화

목소리는 말의 튀는 형식이다

상대는 목소리만으로도 당신을 판단한다

상황에 따른 목소리의 다양한 변주

상황에 적절하게 말하기 위해서 필요한 요소

전달하고자 하는 내용은 키포인트만

철저한 준비만이 전문성을 높인다

담화 내용의 전문성을 높이는 방법

목소리는 말의 튀는 형식이다

세계 여러 나라의 말은 언어의 특성에 따라 톤, 속도, 세기 등이 서로 다르다. 이처럼 우리말도 이러한 여러 가지 특성들이 서로 혼합되고 조화를 이루어 하나의 언어로 존재해 왔다.

말은 내용(기의)과 목소리(기표)로 이루어져 있다. 보통 내용 즉 메시지가 우선한다고 하지만, 형식 즉 목소리가 우선한다는 주장도 있다. 글과 달리 말에서는 목소리가 메시지를 전달하는 가장 강력하고도 분명한 형식이다. 눈빛, 표정, 몸짓, 관련 사물과 상황 등도 메시지를 전달하는 데 이바지하지만, 이들은 목소리 없이는 별 의미 없다. 특히 얼굴을 마주하지 않는 말하기에서 목소리는 유일한 형식이며 말의 내용과 전달에서 큰 영향을 끼친다.

말하기의 전문가와 예민한 청자들은 누군가의 목소리를 들었을 때 그 목소리만으로도 화자가 마른 사람인지, 건장한 체격인지, 날카로운 성격을 지녔는지, 부드러운 성격을 지녔는지, 그 성격과 체형도 알 수 있다고 한다. 이처럼 목소리는 우리 몸의 피부와 마찬가지로 자신을 표현해주는 또 하나의 자신이며, 말하기에서 적극적으로 고려하여야 할 학습 대상이다.

보통 뉴스를 진행하는 아나운서는 신뢰감을 주기 위해서 중저음으로 진행을 하는데 이것을 음계로 표현하면 '미'와 '파' 사이의 음이라 할 수 있다. 하지만 오락프로그램의 진행자들은 '솔'과 '라' 사이에서 발랄한 톤의 목소리를 내려고 노력할 것이다.

홈쇼핑을 진행하는 쇼호스트나 텔레마케터, 전화상담원의 매우 높은 톤의 목소리는 발랄하고 흥겹기는 하지만 듣는 사람을 질리게 하는 특성이 있는데 이것은 사람의 목소리의 톤이 너무 낮거나 높으면 듣는 사람이 부담을 느끼게 되기 때문이다.

말의 높낮이도 중요하다. 때때로 문장을 말하는 사람이 어느 단어를 너무 강조한 나머지 음폭의 변화가 심한 때도 있는데 단조로운 톤으로 지루함을 주는 것도 피해야 하지만, 심한 음폭의 변화는 상대의 집중력을 떨어뜨려 전달력을 낮게 만든다. 더불어 지나치게 애교 섞인 말투나 가성(假聲)은 청자의 메시지 파악에 오히려 지장을 준다.

이처럼 직접 훈련하지 않으면 좋은 목소리를 얻을 수 없으며 말투란 자신을 표출하는 방식 중 하나라는 점을 인식하고 바르고 적절한 목소리를 구사하는 습관이 필요하다. 특히 전문담화를 전제하고 목소리와 말투를 다듬는 방법에 대해서 살펴보도록 하자.

상대는 목소리만으로도 당신을 판단한다

"제가 이번에는 연습에서 아주 잘해왔기 때문에 확신이 있었습니다."

"연습하고 준비하는 데 충분한 시간이 있었고, 그래서 올림픽이라고 흔들리거나 예민해져 있지는 않았습니다. 편안한 마음으로 경기를 할 수 있었고 덕분에 경기를 즐겼습니다."

"저는 한 동작을 익히기 위해서 만 번을 연습합니다."

한국 사람이라면 누구나 한번 쯤 들어본 적이 있는 대답이다. 이 당당한 대답의 주인공은 누구일까? 바로 지난 2010년 벤쿠버 동계올림픽 피겨스케이팅의 금메달리스트인 김연아 선수이다. 이 대답은 그 자체로 감동적이었다. 그녀가 타고난 대담함도 있겠지만 그 밑바탕에는 자신이 흘린 땀과 눈물, 잠을 줄여가며 투자한 시간, 그동안 포기해 온 즐거움

등 모든 것이 합쳐져서 나온 자신감이 묻어있었다. 그렇기 때문에 그녀의 목소리는 더욱 당당했다.

김연아 선수를 인터뷰할 때마다 그 대답을 들은 질문자와 한국의 국민들은 20살 선수의 당당함에 놀라곤 했다. 큰 경기를 앞두고 긴장되거나 떨릴 법한 순간에도 언제나 냉정함을 유지하는 듯한 김연아 선수의 대답은 응원하는 사람들의 마음에 큰 신뢰를 준다.

이런 결과는 과학적으로도 입증이 된 바 있다. 충북 도립대학교 생체신호분석연구실의 조동욱 교수는 김연아 선수의 목소리를 분석한 결과를 발표하는 자리에서 다음과 같이 말했다.

> "김연아 선수의 평소 목소리와 신기록 달성, 시상식 직후 목소리를 분석한 결과 어떤 상황에서도 자신의 속마음을 최대한 자제할 줄 아는 대담하고 절제된 성격의 소유자임이 확인됐다."

우리가 보통 사람이라고 말하는 일반인들은 흥분할 때나 기쁠 때 말이 급해지고 안정도 값이 크게 낮아진다. 생각해 보면 우리가 승진, 합격, 수상 등의 좋은 일이 있을 때와 다툼, 흥분, 긴장의 상태에서 목소리가 달라졌다는 사실을 기억할 수 있을 것이다.

하지만 김연아 선수는 라이벌 아사다 마오에 대해 평가할 때, 금메달을 목에 건 직후에 목소리의 안정도 값이 평소보다 더욱 안정된 것으로 확인되었다고 한다. 이 사실에 우리는 김연아의 대담함에 한 번 더 놀라게 된다. 이런 안정되고 당당한 김연아 선수의 목소리는 나약한 사람들에게 굳은 의미를 심어주는 메신저가 되었다. 김연아 선수는 힘들 때마다 '이것 또한 지나가리라'라는 글귀에서 위로와 힘을 얻으며 '고통 없이는 아무것도 얻을 수 없다'는 사실을 늘 염두에 둔다고 한다. 만약 김연아 선수의 마음속에 '두려움'이 있었다면 우리는 이처럼 당당한 우승소감을 들을 수 없었을 것이다.

이처럼 말하는 목소리를 듣는 상대방은 그 목소리만으로도 말하는 사람의 상황, 기분, 성격을 판단할 수 있다. 그렇기 때문에 상대방을 매료시키기 위해서는 상황에 따라 적절한 목소리를 낼 수 있어야 한다.

상황에 따른 목소리의 다양한 변주

타고난 연설가였던 히틀러는 악센트가 강하고 톤이 높은 목소리로 청중들을 선동하기로 유명했다. 이처럼 연설을 할 때는 듣는 이에게 연설의 핵심을 주지시킬 수 있도록 톤을 높이고 비교적 강한 어조를 사용하는 것이 좋다.

반면 카운슬러나 컨설턴트는 부드럽고 중성적인 목소리로 말해야 듣는 사람에게 안정감을 줄 수 있다. 면접시험에 임할 때에는 본래 자신의 목소리와 속도를 유지하면서 톤을 일정하게 하되 강조하고 싶은 부분을 먼저 말하면서 그 부분에 악센트를 주는 것이 효과적이라 할 수 있다. 프레젠테이션을 할 때에는 목소리를 다양하게 구사하는 것이 좋은데 데이터 값을 말할 때는 소리를 높이고 성과를 말할 때는 짧게 끊듯이 강하게 말해야 하며 제안을 할 때에는 톤을 낮춰 부드럽게 말해야 설득의 효과가 커진다.

목소리를 많이 쓰는 직업을 가진 사람들은 이런 전략을 토대로 목소리를 구사하는 것이 좋다. 특히 아나운서들은 최근 아나테이너라는 말이 생길 정도로 다양한 목소리로 우리에게 즐거움을 가져다주는 존재이다. 그들은 뉴스나 각종 교양 프로그램의 진행을 담당하는 것은 물론, 최근에는 오락 프로그램에까지 출연하면서 좋은 목소리와 훈련된 스피치 기술로 브라운관을 장악한다. 아나운서들은 오락 프로그램에 출연했을 때에는 본래 목소리대로 편안하게 말하고 뉴스를 진행할 때는 톤을 낮추고 힘을 실어서 말한다고 했다. 또 사람이 많이 모인 장소에서 음악 프로그램을 진행할 때는 소리를 크게 내는 것은 물론, 소개하는 음악에 따라 목소리의 톤과 속도를 바꾼다.

같은 아나운서라도 TV 프로그램을 진행하는 아나운서와 라디오 프로그램을 진행하는 아나운서의 목소리는 다르다. 라디오 프로그램은 화면이 없는 상황에서 아나운서의 목소리만으로 모든 상황을 전달해야 하기 때문에 단조로우면서도 정보가 귀에 잘 들어올 수 있도록 콕콕 찍어주듯 발음해야 한다. 더불어서 중요한 상황에 대해서는 악센트를 주는 것이 기본적인 말하기 방법이라고 할 수 있겠다.

114안내자나 텔레마케터처럼 전화로 업무에 임하는 사람들에게도 목소리는 가장 중요하다. 이들은 전화통화를 할 때 고객들에게 상쾌한 느낌을 주기 위해서 목소리를 약간 높여 '미'나 '파'음을 내는 것을 기준으로 삼는다. 과거에는 '솔'에 가까운 음을 냈는데 부자연스럽다는 지적이 많아 기준을 바꿨다고 한다.

설득할 때에는 낮은 목소리로 부드럽게 하는 것이 기본이지만 구매를 유도하는 설득의 경우는 조금 다르다. 홈쇼핑의 쇼호스트들은 매우 주파수가 높은 목소리를 내는 것이 좋으며 목소리의 톤도 다양하게 변화시키면서 빠르게 말한다. 이것은 목소리로 시청자를 자극해서 '꼭 사야할 것 같은' 잠자고 있던 구매 욕구를 끌어내기 위한 전략이다.

이처럼 목소리는 말의 필수 요소이며, 청자가 내용을 접수할 때 청자의 심리와 정서에 크게 영향을 미치기 때문에 일정한 고려와 주의가 요구된다.

상황에 적절하게 말하기 위해서 필요한 요소

목소리의 톤

상황에 적절한 목소리 톤을 설정하기 위해서는 훈련이 필요하다. 우리말은 적절한 음정을 가지고 있는데 사투리의 경우 음가의 폭이 넓어지는 특성이 있다. 그러므로 적절한 음폭을 유지하기 위해서 표준어를 사용하는 것이 좋다. 다음은 중복되지만 각 직업별로 적절한 목소리의 톤을 간략하게 정리한 것이다.

1) 아나운서 (뉴스를 진행할 때) : 신뢰감을 주기 위한 중저음. '미'와 '파' 사이의 음계.
2) 오락프로그램 MC : 높은 톤의 발랄한 목소리. '솔'과 '라' 사이의 음계.
3) 쇼호스트나 텔레마케터 : 발음이 정확한 매우 높은 톤의 목소리. '라'와 '시' 사이의 음계.

말의 속도

우리말은 글자와 글사, 단어와 단어가 똑같은 속도로 소리 나는 것이 아니라 문장의 내용에 따라 그 감정이 달라지면서 그에 따른 속도도 달라진다. 감정이 격해져 분노에 찬 목소리를 할 때는 상대방을 향하여 빠른 속도로 속사포를 쏘듯이 이야기를 하기도 하고 천천히 말할 때는 끊어서 말하기도 한다. 또 연령층에 따라 속도가 다른데 아이들은 말을 빨리하는 경향이 있고, 노년층으로 갈수록 말의 속도는 느려진다. 말의 속도는 계층, 성격, 연령에 따라 다르며 그에 따라 전달되는 감정의 속도도 다르다.

- 평균적인 말의 속도 : 1분에 200자 원고지 두 장 정도를 읽는 것이 정상적
- 최근의 전문적 발화 전달 : 보통 300~350마디를 말하는 것이 평균적 일반인의 경우에는 375자 정도의 속도로 말함

띄어 읽기

우리말은 말과 말의 사이를 띄어 읽어야 한다. 그것은 문장의 의미를 분명하게 하기 위한 효과를 위해서이다. 또 한 문장이 끝나고 다음 문장으로 전환될 때에도 어느 정도의 간격을 가지느냐에 따라서 말하는 감정의 폭이나 의미의 전달이 달라지는 것이 우리말의 특성이다.

다음의 예에서 띄어 읽기에 따라 달라지는 의미에 대해서 생각해보자.

a. 나는, 지연이와 현주를 때렸다.

b. 나는 지연이와, 현주를 때렸다.

a. 석보는, 화를 내면서 떠나는 은경이를 바라보았다.

b. 석보는 화를 내면서, 떠나는 은경이를 바라보았다.

전달하고자 하는 내용은 키포인트만

사람들은 대체로 상대가 길게 말하는 것을 좋아하지 않는다. 전문담화에서도 짧게 말하는 방식을 선호하고 있음에도 불구하고 때때로 중요한 상대나 윗사람일 경우, 말이 길고 장황해지며 말하고자 하는 내용의 핵심을 전달할 수 없게 된다. 이렇게 되는 이유를 굳이 따진다면 그것은 마음이 불안해지고 잘해야겠다는 생각이 들기 때문일 것이다. 그런 마음으로 우리는 시작한 말에 마침표를 찍지 못하고 계속해서 말을 이어가기가 일쑤다. 아무리 숙련되었다고 하더라도 말 하는 순간이 다가오면 누구나 불안하고 긴장하게 되는 것이 당연하다.

그러나 평소에 짧게 단문으로 말하는 훈련을 반복하다 보면 오히려 말하면서 자신의 생각이 정리되는 것을 느끼게 된다. 이 때 말하는 시간으로 보면 자신의 자연스러운 호흡에 맞추어 약 5초 정도에 한 문장이면 족하다. 들이마시고 내쉬는 한 호흡의 범위 안에서 말하면 되는 것이다.

또 아무리 좋은 이야기라 하더라도 듣고 난 후에 기억에 남지 않는다면 소용이 없다. 모든 말을 듣는 사람이 모두 이해하고 받아들일 것이라고 생각하는 것은 큰 착각이다. 사람들에게 전달되는 단어의 한계는 보통 40~50개이다. 그 이상이 되면 많은 정보를 제공했다고 하더라도 별로 효과가 없고 기억에 남지 않는다. 그러므로 10분 동안 프레젠테이션을 하게 될 경우에도 반드시 전달해야 하는 사항을 1-2분 집중해서 힘주어 이야기 하고 사례를 들면서 쉽게 풀어가야 한다. 라디오 방송에서도 중요한 내용의 인터뷰는 대략 3분 정도를 넘어서지 않는다. 3분이 넘어가면 청취자의 집중력이 떨어지고 주의가 산만해질 수 있으므로 이런 현상을 방지하기 위해서 가급적이면 3분 이내로 잘라준다.

전화로 이루어지는 텔레커뮤니케이션에서는 무엇보다도 말의 핵심 전달에 노력을 기울여야 한다. 뿐만 아니라 그 전달은 텔레마케터의 억양과 발음, 말하는 속도에 의해서도 좌우된다. 전화상담원의 경우 꾸준한 연습을 통해서 자연스러운 형식을 확보하여야 한다. 남의 말을 경청하는 것은 내가 이야기하는 것보다 3배 이상의 에너지가 필요하다. 그렇기 때문에 당연히 말하는 시간이 길어질수록 듣는 사람은 힘들어지므로 내용 전달의 효과는 떨어지는 것이다. 주어진 시간이 3분이라면 2분 30초 정도로 여기고 말을 하는 것이 가장 좋다.

말을 짧게 하기 위해서 가장 필요한 태도는 쉬운 말을 어렵게 하지 않는 것이다. 어려운 말을 하지 않기 위해서는 전문용어를 피하는 것이 좋다. 학회나 세미나 등 전문용어가 필요한 특수 상황을 제외하고는 전문용어의 사용을 피하는 것이 좋다. 쉽게 말하는 것과 핵심 포인트를 말하는 것은 서로 관계있으며 상대방의 경청을 돕는 가장 중요한 태도이다. 말하는 사람이 자신이 말하고 있는 내용의 핵심을 왜곡 없이 전달하려면 포인트를 살려서 말해야 한다.

다음은 포인트를 살려서 말하기 위한 몇 가지 방법이다.

먼저 키워드를 찾는다

키워드를 찾지 않고 말하면 불필요한 설명만 장황하게 설명하다가 정작 하고 싶은 말의 포인트를 놓치기 쉽다.

키워드를 중심으로 간결한 문장을 만들어 첫 문장으로 사용한다

찾은 키워드를 중심으로 가장 짧은 문장을 만들어 첫 문장으로 사용한다.

5W1H 형식에 맞춰 부연 설명을 한다

'언제, 어디서, 무엇을, 왜, 어떻게 했는지' 말한다. 이미 알고 있는 '언제, 어디서, 무엇을, 왜' 등은 생략해도 '어떻게'는 절대 생략하지 않는다.

다음은 포인트를 말할 때 듣는 사람을 더욱 배려하는 말하기의 두 가지 방법이다.

상대방이 무엇을 궁금해 하는지를 먼저 파악한다

상대방의 의향을 물은 후 말하면 그 사람이 원하는 순서로 말할 수 있다. 이것은 철저하게 듣는 사람을 배려한 말하기 방법으로 말하는 사람이 말하고자 하는 내용의 순서를 정하는 것이 아니라 듣는 사람이 궁금해 하는 바를 먼저 파악하고 답함으로서 말하는 내용에 집중할 수 있게 해 주는 효과를 갖는다.

문제의 핵심부터 말한다

자신이 말하고자 하는 순서대로 말하면 핵심 메시지는 약화되기 마련이다. 그러므로 문제의 핵심을 먼저 말한 후 그 핵심에 대한 부연설명을 하는 것이 더욱 효과적이다.

전달하고자 하는 내용의 포인트만을 짚어서 말하고, 다른 사람을 배려해서 말한다면 듣는 사람이 그 이야기의 핵심을 빠르게 이해하는 것은 물론, 말하는 사람의 배려까지도 느낄 수 있을 것이다.

철저한 준비만이 전문성을 높인다

현대 사회에서 말로 업무를 수행하는 직업이 보다 확장되었다. 이런 직업에는 아나운서, 리포터, 성우, 텔레마케터, 전화안내원, 승무원, 선생님, 호텔리어, 큐레이터 등이 있는데, 말로 업무를 수행하는 전문담화에 종사하게 된 사람은 당연히, 말하는 기술을 업무에 이용하지 않는 사람과 달라야 할 것이다. 하지만 이런 직업을 가진 사람이 말을 잘하는 연습을 하기 이전에 반드시 해야 하는 일이 있다. 그것은 바로 자신의 직업 영역에서 이용될 수 있는 지식을 가능한 한 축적하는 일이다.

말을 할 때 알면서 말하는 것과 잘 모르면서 말하는 것 사이에는 목소리와 말투에 커다란 차이가 있고, 이는 말의 내용과 전달에 그대로 영향을 끼친다. 특히 전문담화에 종사하는 사람들은 자신의 업무 분야에 관련하여 더 많은 준비를 해야 한다. 왜냐하면 말하는 사항에 대해서 알고 있는 만큼 말할 수 있고, 또 그 무엇보다도 설명력과 설득력의 수준을 결정짓기 때문이다. 바꾸어 말해 듣는 사람은, 말하는 사람이 말하고자 하는 사항에 대해서 충분히 이해를 하고 있는 상태에서 말하는 것인지 상투성 업무용 말을 구사하고 있는지 알아차리며 신뢰할 것인지 말 것인지를 마음속으로 결정한다. 그렇기 때문에 말로 업무를 처리하는 직업의 사람들은 더욱 철저하게 자신의 분야를 연구하고 준비하는 것이 선행되어야 한다.

준비가 철저하면 자신감이 생기면서 말을 할 때에도 목소리가 힘차고 분명하게 나온다. 더불어 많은 철저한 준비는 화자의 말하기 스트레스를 줄여주며 이는 곧 두려움을 이겨낼 수 있는 마음가짐을 형성하게도 한다. 말하는 사람은 항상 긴장을 하게 된다. 연설 전문가나 경력이 오래된 아나운서까지도 여전히 마이크 앞에만 서면 떨린다는 말을 한다. 하지만 말하고자 하는 내용에 철저한 준비는 이러한 긴장감을 축소시킬 수 있고 두려움을 떨쳐낼 수 있는 밑천이자 토대가 되는 것이다.

미국의 말 잘한다는 많은 CEO들의 공통점은 하나같이 전달하고자 하는 내용에 대해서 완벽한 준비를 한다는 점이다. 그 중 한 사람인 시스코의 존 챔버스 회장은 연설을 하기 전에 자신이 직접 원고를 쓴다고 한다. 그는 A4용지 70장에 달하는 원고를 스스로 작성하는데 이렇게 원고를 작성할 때 어떤 대목에서 물을 마실지, 어떤 대목에서 청중을 바라볼 것인지까지도 모두 메모해 놓을 만큼 철저한 준비를 하는 것으로 유명하다. 물론 원고 작성을 마친 후에 리허설도 수십번 한다고 한다.

사람들이 말을 하는 과정에서 긴장하는 이유는 말할 내용의 준비 부족과 연습 부족에서 온다. 반복해서 연습하면 자연스럽게 자신감이 생기는 자신의 모습을 발견할 수 있을 것이다. 이렇게 준비와 연습을 반복하여 자신이 전달하고자 하는 내용을 철저하게 익힌 후 효과적으로 전달하고자 하는 노력을 하는 사람이 있다면 그 사람이 진정한 전문가라고 할 수 있을 것이다.

담화 내용의 전문성을 높이는 방법

하지만 자신이 이미 전문가라는 생각을 하거나 하나의 업무 분야에서 오랜 시간 경험을 쌓아가다 보면 방심할 수 있다. 혹은 이미 말할 내용이 머릿속에 충만하다고 하더라도 적절한 준비 없이는 중요한 정보나 덜 중요한 정보를 무차별적으로 나열하는데 그치는 아마추어적인 말하기를 하기 쉽다. 그렇다면 말하는 직업군에서 업무를 수행하는 전문가가 자신의 업무분야에서 전문성을 높이기 위해 어떤 방법으로 준비해야 하는지를 알아보도록 하자.

1단계 - 말하고자 하는 내용과 관련된 모든 정보를 수집하고 분석한다

자신의 업무 분야에서 해야 할 말의 자료 말고도, 청자들이 요구하는 질문이나 의문을 더 중시하며 그 자료를 파악하여 준비한다. 또 청자들

이 누구이며 그 사람의 지적 수준과 성향을 유형별로 미리 파악하여 실제에서 고려한다.(고객 정보 활용)

또한 그 말을 할 장소나 시간도 모두 알아두면 도움이 된다.(예를 들면 관광가이드 등) 이런 정보를 바탕으로 결과적으로 무엇을 말할 것인지를 결정해야 하며, 최종적으로 한 마디로 정리가 되어야 한다.

2단계-근거를 마련하고 단락을 구분한다

메시지의 타당성을 뒷받침해 줄 수 있는 논리적 근거들을 체계적으로 배치한다. 무엇이든 청자가 신뢰할 만한 근거가 있어야 한다. 또 전체 내용을 강조할 포인트에 따라 단락을 구분해둔다. 단락을 구분해두면 말하기뿐만 아니라 청자의 이해에 크게 도움을 준다.

3단계-자주 연습하며 내용을 조정한다

숙련되었다고 하더라도 자만하지 말고 연습을 자주 해야 한다. 말은 말하는 사람의 의도대로 적절하게 전달되지 않을 수 있는 유동성이 있다. 또 현재 말하기 자료가 최선이라 여기지 말고 끊임없이 새로운 정보와 사례를 추가하여 기존 내용을 조정하여야 상투화되지 않고 진부해지지 않으며, 이럴 경우, 자신의 전문성을 경신할 수 있으면서 변화하는 시류에도 대응할 수 있다.

제 VII 장

대화의 기술

대화는 잡담에 불과할까

상대의 말을 경청하고 상대가 내 말을 경청하게 하라

비언어적 메시지에 주의하고, 상대의 이름을 꼭 챙겨라

상사가 선호하는 말하기

아랫사람을 따르게 하는 말하기

직장의 대화에서 해도 되는 말, 해서는 안 되는 말

전화 매너

대화는 잡담에 불과할까

사회적 동물인 인간은 누구나 매일 다른 사람과 대화하며 정보와 의견, 요구와 부탁을 교환하며 의도하든 하지 않든 상대를 설득하려 한다. '오늘 점심으로 무엇을 먹을까?'와 같은 화제를 대상으로 한 대화 역시 그러하다. 우리는 도대체 대화하지 않고는 일상을 살 수 없다.

대화는 말하기에서 토론, 프레젠테이션, 전문담화 등에 비해서 사적 영역이라고 하겠지만 꼭 그렇지 않다. 대화의 상대가 한 사람일 경우도 많지만 여러 사람일 경우도 많고, 교환하는 정보나 견해가 일상의 사소한 일에 국한될 수 있지만 거대담론의 주제에 관계된 것일 수도 있다. 공적 말하기에 비해 사안의 결정에 공적 영향을 끼치지 못 하지만 일상의 대화도 인간관계와 조직과 사회에 영향을 끼치기 마련이며, 어떤 경우 인간관계에서 공적 발언보다 그 비중이 더 커질 수도 있다. 흔히 대화를 잡담(雜談)이라고도 하지만 생각해보면 명칭의 뜻 그대로 잡담이 아니다.

대화는 우리 삶에서 중요하다. 다시 말해 삶의 실제에서 공적 담화 이상일 수도 있다. 우리는 대화를 잘 해 타인과 잘 소통하고 친애의 정서를 기르며 일상에 유익한 일용할 정보를 얻어야 삶이 안정되며 그 향상에도 도움이 된다. 특히 직장 생활에서도 대화는, 회의나 프레젠테이션만큼 중요하다. 업무 추진뿐만 아니라 상사와 아랫사람과의 관계도 대화로 조정된다. 대화 한 단락으로 가까워질 수도 있고 멀어질 수도 있다.

대화에서도 가장 큰 성공은 역시 상대의 마음을 움직이는 것이다. 어떻게 해야 상대의 마음을 움직일 수 있을까? 다시 말해 설득력을 가질 수 있을까? 이미 2300여 년 전의 철학자 아리스토텔레스는, 말하는 사람이 상대의 "감정"을 움직일 때 가장 설득력을 가질 수 있다고 했다. 이 말은 상대의 인격에 따라 이성보다 감정이 우선이며, 또 이성뿐만 아니라 감정까지 움직여야 설득에 성공할 수 있다는 주장으로 추정된다. 이 장에서는 대화에서 구체적이고 실질적인 설득력을 갖추는 훈련을 하고자 한다. 간결하게 말하면서도 상대를 움직이게 하는 설득의 힘을 키우자. 그렇다면 공식 말하기도 두렵지 않게 될 것이다.

상대의 말을 경청하고 상대가 내 말을 경청하게 하라

의사소통의 모든 국면에서 경청은 가장 중요한 요소이다. 효과적인 설득은 다른 사람의 말을 들어주는 태도와 능력에서 시작된다고 해도 과언이 아니다. 경청은 다른 사람이 말할 때 평상심으로 있는 것이 아니라 상대의 생각과 감정, 행동을 이해하고자 하는 의지로 진심으로 귀 기울이는 것이다. 경청하는 방법을 살펴보자.

(1) 말을 가로채지 마라. 상대가 하는 말을 방해하지 않는 것이 무엇보다 중요하다. 그의 말을 대신 끝마쳐서도 안 된다.

(2) 섣부른 판단으로 너무 빠른 충고나 조언을 하지 마라.

(3) 듣고 있다는 리액션을 해주어라. 고개를 끄덕이고 상대의 말을 정리해서 알기 쉽게 들려준다면 금상첨화이다.

사람은 단순한 듣기와 귀 기울여 듣기를 혼동한다. 귀 기울여 들으면 친구의 자격을 얻게 되고 업무관계에서도 서로 더 잘 이해하게 된다. 게다가 신중하게 들으면 함축된 뜻과 상대방의 처지에 대해 더 많은 정보를 얻을 수도 있다.

사람의 집중력에는 한계가 있다. 시간의 경과는 집중력을 떨어뜨린다. 당신의 말을 주목하게 만드는 특별한 방법이 필요한 이유이다.

(1) 자리를 옮겨라. 자신에게 익숙한 자리나 산만한 자리는 피하고 집중에 도움이 되는 곳으로 자리를 옮기는 것만으로도 도움이 된다.
(2) 단절을 피하라. 상대가 흥미를 계속 이어갈 수 있도록 관심을 유도해야 한다. 연속극처럼 궁금증을 일으키는 방법도 좋다.
(3) 핵심을 먼저 말하라. 계속해서 주목받기 위한 황금률이 있다. 말하려는 내용을 소개하고, 내용을 말하고, 말한 내용을 요약하는 것이다.

말하려는 내용 소개하기 ······> 말하기 ······> 말한 내용 요약하기

사람은 들은 내용의 약 40% 정도만 받아들인다는 연구 결과가 있다. 이 방법을 훈련하면 주목 받으면서 내용을 효과적으로 전달하는 데 도움이 된다.

비언어적 메시지에 주의하고, 상대의 이름을 꼭 챙겨라

커뮤니케이션이란 단순히 말하고 듣는 행위로만 이루어지는 게 아니다. 비언어적인 방식으로도 감정을 표현할 수 있다. 일명 바디랭귀지이다. 말을 대신해서, 말을 강화하기 위해서, 기분을 드러내기 위해서 우리는 바디랭귀지를 사용한다. 말을 하는 사람은 물론 말을 듣는 사람도 이 바디랭귀지를 사용하게 된다.

(1) 준언어적 요소인 성량, 말의 속도, 말투나 억양 등도 중요하다.
(2) 바디랭귀지를 자기 마음대로 해석하지 마라.
(3) 입에서 나오는 말과 표정이 일치할 때 상대는 신뢰감을 느끼게 된다. 열정을 말하면서 초조해하는 표정이라면 어떠한가?
(4) 웃음을 활용하라. 웃음은 가장 좋은 바디랭귀지이다. 거울을 보면서 순수한 미소를 연습하라. 익숙하지 않을 것이다. 그러나 자신이

어떤 표정을 짓는지 알고 있어야 한다.

(5) 눈맞춤을 하라.

(6) 몸짓을 잘 활용하라. 단 버릇은 주의해야 한다. 자신의 신체 일부를 만지는 버릇, 팔짱을 끼는 버릇 등은 상대의 집중을 분산시키는 요인이므로 고치는 것이 좋다.

상대의 신상 정보를 기억하는 것은 대화 내용과 관계가 없어도 대화의 진전과 목표 달성에 많은 도움을 준다. 특히 이름을 기억하는 것은 중요한 일이다. 관심을 갖고 주의력을 높여 이름을 꼭 기억하자. 한번 만난 사람을 다시 만났을 때 이름을 기억하고 있다면 상대는 소중한 사람으로 취급되는 느낌을 받을 것이다.

(1) 분명하게 이름을 들어라. 정확하게 듣지 못했다면 "죄송합니다. 다시 말씀해 주시겠습니까? 못 들었습니다."라고 말하는 것이 낫다.

(2) 이름을 들으면 반드시 얼굴과 일치 시켜라.

기억력을 높이기 위해 소리 내어 반복 암송, 연상하기, 메모 등을 통한 기억 자극의 방법을 동원해도 좋겠다. 중요한 것은 관심이고 자세인 만큼, 연습하면 기억의 능력은 좋아지기 마련이다.

상사가 선호하는 말하기

아부하지 않고 존중한다

아부는 내가 하면 처세술이지만 남이 하면 비열한 행동으로 보이기 마련이다. 똑똑한 상사일수록 지나친 아부는 달가워하지 않는다. 그렇다고 해서 부하의 정의롭고 바른말 듣기를 좋아하는 것도 아니다. 똑똑한 사람일수록 독선과 아집이 강해 직접적인 비판은 절대 받아들이지 못하는 경향이 있다. 아부로 보이지 않으면서 상사 마음에 들게 말하려면, 상사가 존중받는 느낌을 받도록 말하는 것이 좋다.

불편한 아부	존중감을 느끼게 하는 칭찬
갑자기 상사의 생일 등을 챙기는 말을 반복한다.	상사가 불편해하는 일들을 없애고 간단하게 그 일을 기쁘게 했다고 말한다.
상사의 매일 매일의 컨디션을 체크하고 수선스럽게 표현한다.	상사가 능력을 최대한 발휘할 수 있는 여건을 만들어두고 공을 상사에게 돌린다.
무조건 "예"라고 대답한다.	상사의 특징과 장점을 칭찬해 그 칭찬이 진심임을 느끼게 한다.
사적인 일을 크게 평가한다.	
누구의 아이디어인지 확연한 일을 상사의 아이디어라고 우기며 칭찬한다.	

불평하지 말고 깨닫게 한다

윗사람에게는 직접적인 비난이나 불평보다는 에둘러 표현함으로써 스스로 깨닫게 하는 말하기가 지혜로운 방법이다.

직접적으로 비난하는 말	스스로 깨닫게 하는 말
"회의가 언제 시작될 지 몰라 대기하느라고, 아직 그 일을 끝내지 못했습니다."	"지금 과장님이 지시하신 일이 조금 덜 끝났는데 조금만 기다려주십시오. 5분이면 됩니다."(5분이 지나면 중단하고 회의에 참석하는 것도 나쁘지 않다.)
"조금만 일찍 말씀해주셨으면 그런 일은 없었을 텐데요."	"미리 체크하지 못해 죄송합니다. 지금부터 시작하겠습니다. 대신 시간을 조금 더 주십시오."
"회의 시간을 조금만 당기면 야근이 좀 줄지 않을까요?"	"저는 아침형 인간이라 야간에는 비실비실한데, 과장님은 늦게까지 대단하세요."

억울할수록 입을 다문다

직장에 다니다 보면 불공평한 일을 당하기도 한다. 그럴 때일수록 대꾸하고 맞서기보다는 지혜로운 말로 대처하는 것이 필요하다.

상사를 자극하는 말과 행동	조용히 대처하는 법
• "도대체 제가 뭘 잘못했습니까?" • "저에게 화나셨어요?" • 앞에서 중얼중얼 불만을 터뜨린다. • 면전에서 붉으락푸르락 감정을 숨기지 못한다.	• 감정을 드러내지 않고 고개를 숙인다. • 슬그머니 자리를 뜬다. • 상사가 집어던진 파일을 가지런히 모아서 조용히 상사의 책상 위에 올려놓는다.

잘못이 있으면 변명하지 않고 산뜻하게 사과한다

잘하려고 했는데 실수를 했다면 "죄송합니다. 다음부터는 조심하겠습니다." 하고 산뜻하게 사과하라. 그리고 구구절절 사과와 변명을 늘어놓지 말고, 조용히 업무에 충실하라.

거절할 때는 공적 규범을 제시한다

나중에 문제가 될 일이 분명한데, 가까운 상사가 요구하거나 부탁해서 거절하기 어려운 상황이라면 어떻게 할 것인가? 상사에게 미운털 박히지 않으면서 요령 있게 빠져나가기 위해서는, 책임문제를 거론하거나 회사 규범을 핑계 대는 것이 효과적이다. 이럴 때에도 화를 돋우지 않도록 하는 것이 필요하겠다.

괴롭히는 상사에게는 인간적으로 호소한다

직장생활을 하다보면 업무 중에 실수를 할 수도 있고, 상사에게 잘못을 저지를 수도 있다. 잘못을 끝까지 물고 늘어지는 상사에겐 어떤 처방이 필요할까? 상사의 괴롭힘을 오히려 부추기는 말이 있고, 인간적으로 호소하여 불길을 잠재우는 말이 있다.

상사의 괴롭힘을 자극하는 말	상사의 괴롭힘을 잠재우는 말
• "제가 잘못했다고 했잖아요?" • "해도 해도 정말 너무하시는 거 아닙니까?" • "한번 잘못한 거 가지고 너무 오래 괴롭히는거 아냐?"라고 혼자 궁시렁거린다.	• "과장님, 제가 예전 잘못을 잊고 열심히 일할 수 있도록 도와주십시오." • "그때 일은 저도 두고두고 후회하고 있습니다."

반말하는 상사에게는 더욱 공손하게 말한다

부하 직원에게 말을 놓는 상사는 어딜 가든 꼭 한두 명씩 있기 마련이다. 거칠게 비난하거나 고민하기보다는, 유연하게 받아들이는 태도가 필요하다. 대수롭지 않게 생각하고 더욱 깍듯하게 존댓말을 사용하는 것이 좋다.

상사가 자기편이라고 느끼게 말한다

어떤 직장에서든 편 가르기는 존재한다. 그리고 말에서도 내 편, 네 편이 갈린다. 의도했건 의도하지 않았건 반대 진영으로 느끼게 하는 말이 있고, 자기 진영으로 느끼게 하는 말이 있다. 중립을 지키는 것이 좋다고 생각할 수 있겠지만 직접적이니 중립의지를 보이려고 하다보면 적으로 오해받기 쉽다. '나는 겉으로는 중립이지만 속으로는 당신 진영에 속한다'는 은근한 뉘앙스를 풍겨라. 그것도 싫다면 '최소한 반대편 진영은 절대 아니다'라는 사실을 느끼도록 말하는 것이 좋겠다. 직장 내 파벌은 없는 것이 좋겠지만, 사람이 모여 일하는 곳이니 만큼 피할 수만은 없는 문제이다.

농담이라도 상사와 맞먹는 말은 삼간다

상사는 마땅히 부하직원으로부터 상사 대접을 받을 권리가 있다고 믿는다. 부하직원이 입사 선배이거나 사적 친분이 두터워도 마찬가지다. 일단 상사가 되면 그가 나보다 늦게 입사를 했건 나이가 어리건 사적으로 친하건 상관없이, 농담으로라도 그의 권위에 도전하는 말은 하지 말아야 한다. 차마 면전에서 싫은 내색을 못하더라도 그런 말은 잊히지 않고 보복심리를 갖게 할 수 있다.

아랫사람을 따르게 하는 말하기

추상적 언어를 구체적 언어로

직장에서 업무에 관해 지시할 때는 정확하고 구체적으로 말하는 것이 좋다. 특히 지시와 동시에 잔소리를 하는 것은 좋지 않으니 지시 그 자체만 말하도록 하자.

추상적이고 애매한 지시	구체적이고 명료한 지시
• "책상 위 좀 정리합시다. 지저분하게 그게 뭐요?" • "소리 높여 인사 좀 하면 안됩니까?" • "보고서가 너무 길어요. 좀 줄이세요." • "회의 자료들은 미리미리 제출하세요."	• "책상 위에 널린 서류들은 전부 책꽂이에 꽂으세요." • "아침에 만나면 목소리 톤을 하나 높여 누구에게나 들리게 큰 소리로 인사하세요." • "보고서는 2페이지 이내로 압축하세요." • "회의 자료는 회의 시간 2시간 전까지 제출해 주세요."

꾸짖을 때는 목소리를 더욱 낮춘다

아랫사람은 상사의 꾸지람을 무조건 싫어하기만 할까? 될성부른 부하직원은 상사가 고쳐야 할 부분을 딱 잡아 야단쳐주면 오히려 고마워하게 된다. 말단 사원은 사실 상사를 의지하고 싶어하며, 상사의 능숙한 일처리 방식을 배우고 싶어한다. 자기도 상사 못지않은 유능한 능력을 갖추고 싶은 것이다. 중요한 것은 꾸짖는 방법이다. 부하직원은 상사의 목소리가 높고 거칠면 말의 내용을 듣는 것이 아니라 말에 실린 감정만 읽게 된다. 그러니 잘못을 꾸짖을 때는 평소보다 낮은 목소리로 간결하고 정확하게 말하되, 감정을 드러내지 말고 내용만 전달하는 것이 좋다.

자신의 잘못은 분명하게 인정한다

당신이 시킨 일을 부하가 멋대로 미루거나 변형하진 않는가? 만약 그렇다면 혹시 당신이 상사로서의 권위를 지키려고 자신의 잘못을 은폐하지 않았는지 체크해보라. 결과에 따라 "그때는 내가 실수했다."고 간단하고 분명하게 사과하고 넘어가는 것이 좋다. 당신의 권위가 훼손되기는 커녕 더욱 높아질 것이다.

일관성 있게

상사의 변덕은 부하직원을 맥빠지게 한다. 변덕은 예측을 불가능하게 하고, 결과에 대한 책임부터 느껴 움직임을 더디게 만들며, 일하고자 하는 열정에 찬물을 끼얹는다.

칭찬과 꾸중은 과학적으로

일을 잘하는 사람에게는 자부심을 느낄 만한 칭찬과 기대감을 드러내는 말, 일을 잘 못하는 사람에게는 격려와 용기를 심어주는 말을 해야 한다. 이것이 바로 과학적인 칭찬과 꾸중이며, 그 효과는 매우 크다.

사기를 죽이는 칭찬과 꾸중	과학적인 칭찬과 꾸중
• (잘하는 사람에게) '원래 잘하니 알아서 잘 하겠지.' 하는 생각만 하고 직접 말하지 않는다. • (못하는 사람에게) "이게 뭐냐.", "그렇게 해서 언제 실적 올릴래?", "그렇게 하다가는 언제 잘릴지 모른다." 등의 말을 한다. • 직원을 살피지 않고 혼자 바빠 직원이 무슨 말을 듣고 싶어하는지 통 모른다.	• (잘하는 사람에게) "당신이 자랑스럽다", "우리 부서는 당신 때문에 잘 된다." • (못하는 사람에게) "조금만 노력하면 된다. 당신은 할 수 있다" • 직원의 눈과 몸짓을 살펴 그가 어떤 말을 듣고 싶어하는지 살핀다.

엄격할 때와 풀어줄 때를 분명히

직장 생활을 하다보면 유독 관리하기 힘든 부하직원을 만나기도 한다. 그런 사람들은 상식적인 말이 안 먹히고 뻔뻔하기까지 하다. 감정적으로 휘말리지 말고 간결하면서도 단호하게 제압할 수 있도록 말해야 한다.

부하직원에게 휘말리는 말	부하직원을 제압하는 말
• "내 말이 우스워요?" • "그걸 말이라고 해요?" • "내가 한 말 잊었어요?" • "내가 그렇게 하지 말라고 했잖아요."	• "이리로 앉으세요."라고 불러 옆의 보조의자에 앉힌다. • "직장 다니는 게 장난입니까?"라고 단호하고 낮은 목소리로 묻는다. • 잘못에 대한 불이익을 피부로 느끼게끔 "이 프로젝트에 대해 책임지고 00일 00시 00분까지 마치도록 하세요."라고 말한다.

부하직원의 형편을 고려하지 않은 독촉은 삼간다

일의 속도가 느린 직원은 상사가 자기 속도에 맞춰 몰아붙이면 좌절한다. 상사들은 이미 직장 일에 충분히 숙달이 돼 있기 때문에 아랫사람들에게 그 숙달된 속도에 맞추라고 강요하기 쉽다. 어떤 일에 대한 독촉을 할 때는 가장 먼저 왜 일이 더디게 진행되고 있는지 그 이유부터 알아봐야 한다.

자신이 한 말은 솔선해서 지킨다

부서원들에게 책상 위를 청결하게 유지하라고 지시했으면 자신의 책상부터 치워야 한다. 미국의 성공학자 나폴레온 힐은 "리더가 부하들이 영위하고 싶은 사람의 모습을 '보여주는 것'만으로도 부하직원을 충분히 설득할 수 있다."고 말했다. 솔선수범이 리더십의 핵심임을 밝힌 것이다.

공적 언어와 사적 언어를 구분한다

아랫사람을 편하게 대하는 상사라면 인기는 많겠지만 인기와 리더십이 반드시 비례하는 것은 아니다. 또한 권위적이지 않다는 것이 공과 사를 구별하지 않는다는 의미도 아니다. 요컨대 바람직한 상사는 부하직원들에게 열린 태도로 다가가되, 공평한 관심과 지도력으로 부서원들을 화합하게 만든다.

위화감을 갖게 하는 사적 언어	화합하게 하는 공적 언어
• "야, 이리 와봐." • "네가 굼벵이야? 왜 이렇게 느려?" • 전날 같이 술 먹은 사람을 향해 공공연하게 "어제 그 집 좋았지? 술은 그런데서 마시는 거야."라고 말한다. • 학교 후배임을 티내며 "야, 동문회 모임 말야."라고 큰 소리로 말한다.	• "OO씨, 잠깐 와보세요." • "속도 좀 높입시다. 마감시간 지났습니다." • 동료끼리 술 마신 이야기를 공공연히 나누면 "공유할 수 없는 이야기는 사적으로 따로 합시다." • 학교, 고향 후배 등이 사적으로 접근하면 "사무실에서는 서로 공적으로 대하세."라고 조용히 말한다.

직장의 대화에서 해도 되는 말, 해서는 안 되는 말

사적인 비밀은 밝히지 않는다

인간관계는 직장생활에서도 무척 중요한 부분이지만 사적 관계와 달리 분명히 지켜야 할 선이 있다. 그리고 그 선은 대부분 말에 의해 정해진다. 직장동료와는 아무리 친해도 사적인 비밀을 전부 털어놓지는 말자. "직장에서는 모든 것을 감추면 음흉한 사람으로 보이고, 모든 것을 털어놓으면 어리석은 사람이 된다."는 말이 있다.

듣기 싫어하는 농담은 삼간다

자존심을 건드리는 농담	기분 좋아지게 만드는 농담
• '짜리몽땅', '얼룩이', '아기돼지' 등 신체 콤플렉스와 관련된 별명을 부르는 것. • "그렇게 빨리 마치면 어떡하냐? 미친 거 아냐?" (잘했다는 말을 반대로 표현) • "옷이 그게 뭐냐?" (옷이 예쁘다는 말을 뒤집어서 하는 농담)	• '타임머신', '만능쿠커' 등 장점을 부각시키는 별명을 부르는 것. • "네가 그렇게 빨리 하면 난 어떡하라고~." • "옷걸이가 좋으니까 옷이 사는데?" (장점을 부각시키는 농담)

사과와 감사의 말을 한다

직장에서는 친한 사이일수록 작은 신세라도 즉각 고마움을 표현해야 한다. 또 작은 실수에도 즉각 사과해야 한다. 특히 사과는 자신의 잘못을 '인정'하는 행위이다. 고개를 숙이는 것 이상의 의미를 가지며 실수가 고의가 아님을 말하는 중요한 표현인 것이다.

싫으면 "No"라고 말한다

다른 사람, 특히 친한 사람의 부탁에 자신이 소화하기 힘든 일인데도 'No'라고 말하지 못하는 사람들이 의외로 많다. 이런 사람들은 내놓고 말도 못하고 속으로 겪는 스트레스가 심하다. 들어주기 어려운 부탁을 받으면 당장은 미안하더라도 거절하는 것이 훨씬 낫다는 것을 잊지 말자.

동료의 비밀은 누설하지 않는다

비밀만큼 지키기 힘든 것도 없을 것이다. 하지만 비밀을 지키지 못하면 그 화살이 부메랑이 되어 당신을 공격할 수 있다. 특히 직장동료가 털어놓은 비밀이라면 반드시 지켜야 한다. 비밀을 누설함으로써 동료만이 아니라 당신 또한 피해를 볼 확률이 높기 때문이다. "누가 그런 말을 했어? 내가 그 사람하고 제일 친한데 나는 한 번도 그런 말 들어 본 적이 없는데?", "그 사람은 빈틈없는 사람이야, 그런 일을 했을 리가 없어.", "우리는 쿨하게 사귀다가 쿨하게 헤어졌어. 지금도 친하게 지내." 등의 말은 비밀을 지켜주는 대표적인 말이다.

회사에 대한 부정적인 말은 하지 않는다

회사와 상사에 대해서 습관처럼 불평하는 것이 자신에게 얼마나 해로운 일이지 모르는 사람들이 있다. 악의가 있든 없든 회사에 대한 부정적인 말을 하는 것은 자부심이 없고 책임감도 없어 보이기 마련이다.

전화 매너

작곡가 새미 칸에게 어떻게 하면 그렇게 멋진 노래를 작곡할 수 있는지 누가 물었다. "뭐가 먼저 입니까? 가사입니까, 음악입니까?" 그는 이렇게 대답했다. "전화요!" 현대인들에게 전화는 더 이상 선택이 아닌 필수사항이 되어버렸다. 하지만 그만큼 신중한 통화의 가치나 위력을 알고 있는 사람은 많지 않다는 것이 문제이다.

바람직한 전화예절을 알아보자.

(1) 얼굴을 맞댄 대화보다 목소리에 더 신경 써라. 상대방을 볼 수 없으니 상대의 바디랭귀지나 표정을 읽을 수 없듯이, 나의 메시지를 전달하는 데에도 한계가 있기 때문이다.

(2) 무엇을 말하는가는 중요하지만, 어떻게 말하는가도 중요하다.

한 여성이 왕진을 부탁하려고 병원 접수처의 직원에게 전화하고 있다.

다음 전화 통화들을 비교해 보고 장단점을 생각해보자.

☞ "여보세요? 제 아들이 아파요. 주말 내내 목이 안 좋았어요. 의사 선생님께서 오늘 아침에 꼭 와주셨으면 해요, 아니면 제가 장을 보러가야 하니까 오후 1시 15분에서 2시 사이도 괜찮고요."

☞ "월요일 아침이라 선생님께서 대단히 바쁘시다는 건 알지만, 되도록 빨리 와주셨으면 좋겠어요."

보험금을 청구하는 통화도 한 번 살펴보자. 어느 쪽이 해결에 유리한가.

☞ "태풍 피해 보상금을 당장 해결하고 싶은데요. 서류를 드린 지 2주가 지났는데 무슨 일을 이렇게 합니까?"

☞ "보험금 서류를 보낸 지 2주가 되었습니다. 공휴일도 있었고 태풍 때문에 보상금을 요구하는 연락이 많아 바쁘시겠지만, 저한테는 아주 시급한 문제입니다. 빨리 해결해주실 수 있겠습니까?"

상대를 배려하지 않은 통화는 상대의 마음을 얼어붙게 만든다. 단 예외는 있다. 상대가 눈치 없는 사람인 경우이다. 그래도 가능하다면 포용하는 것이 좋다.

편집 위원

김승종 : 문학박사(중앙대)/시인/시집 『머리가 또 가렵다』(시와시학사 1995) 등
안양과학대 교수

이연숙 : 문학박사(중앙대)/소설가/소설집 『선물』(평민사 2010) 등
중앙대 · 안양과학대 강사

김병덕 : 문학박사(중앙대)/소설가/평론집 『한국소설의 일상성』(국학자료원 2009) 등
경기대 · 안양과학대 강사

김수정 : 문학석사(중앙대)/안양과학대 강사

한용국 : 문학박사(건국대)/시인/건국대 · 안양과학대 강사

김영범 : 박사 수료(고려대)/경원대 · 안양과학대 강사

전형철 : 박사 수료(고려대)/서울여대 · 안양과학대 강사

한세정 : 박사 수료(고려대)/시인/안양과학대 강사

김영건 : 박사 수료(고려대)/안양과학대 강사

이하나 : 박사 수료(고려대)/방송작가/한세대 · 안양과학대 강사

박정우 : 박사 수료(중앙대)/소설가/중앙대 · 안양과학대 강사

장두식 : 문학박사(단국대)/단국대 · 안양과학대 강사

설득과 말의 기술

2011년 2월 25일 초판1쇄 발행
2013년 2월 10일 수정2쇄 발행

저 자 김승종 · 이연숙 · 김영범 · 한용국
펴낸이 임 순 재
펴낸곳 **한올출판사**
등록 제11-403호
121-849
주 소 서울시 마포구 성산동 133-3 한올빌딩 3층
전 화 (02)376-4298(대표)
팩 스 (02)302-8073
홈페이지 www.hanol.co.kr
e-메일 hanol@hanol.co.kr
정 가 9,500원

저자와의 협의하에 인지생략

■ ISBN 978-89-94948-03-4